浙江省教育厅一般科研项目："读者共同体视角下区块链支撑的图书馆精准服务路径研究"，编号：Y202353891

图书馆用户服务与管理创新研究

景晓兰　著

中国原子能出版社

图书在版编目（CIP）数据

图书馆用户服务与管理创新研究 / 景晓兰著. --
北京：中国原子能出版社，2024. 9. -- ISBN 978-7
-5221-3595-3

Ⅰ. G252

中国国家版本馆 CIP 数据核字第 2024FM7386 号

图书馆用户服务与管理创新研究

出版发行	中国原子能出版社（北京市海淀区阜成路 43 号　100048）	
责任编辑	白皎玮　陈佳艺	
责任校对	刘　铭	
责任印制	赵　明	
印　　刷	河北宝昌佳彩印刷有限公司	
经　　销	全国新华书店	
开　　本	787 mm×1092 mm　1/16	
印　　张	12.75	
字　　数	200 千字	
版　　次	2024 年 9 月第 1 版　2024 年 9 月第 1 次印刷	
书　　号	ISBN 978-7-5221-3595-3	**定　价　88.00 元**

前　言

　　图书馆在人类文明的传承中发挥了极其重要的作用，以我国古代的藏书阁和藏书楼为例，众多经史典籍都能在其中找到抄本。近现代图书馆引进了国外图书馆的相关模式与内容，使得我国的图书馆与世界接轨，信息量更大，功用更全面，服务范围也更广泛。

　　改革开放以来，我国为全面提高全民素质，让社会更加和谐文明，连续出台多种政策法规，制定实施细则，让图书馆建设从高校到小学，从城市到农村，稳中有进地开展图书馆的普及工作。经过多年的不懈努力，我国图书馆建设的数量与质量显著提高，社区图书馆、乡村图书馆的出现更是让图书馆走下神坛，进入到千家万户中去，让图书馆在人们的生活中更加可感可知，可以有效使用。

　　随着以网络为中心的计算机技术、通信技术、数字信息化技术的迅速发展，计算机网络以其强大的生命力与巨大的信息提供能力以及检索能力风靡全球，这使得信息的传递、获取进入了全新的网络时代。其间搜索引擎等网络工具的不断强化与网络资源的日益丰富，改变着人们获取信息资源的方式和习惯。一方面，用户获取信息渠道和方式的多元化，给图书馆服务带来了强大的冲击，使图书馆的传统优势地位面临着严峻的挑战。但另一方面，各项新的信息技术在图书馆的广泛应用，图书馆服务呈现出一些新的特点，如服务理念的信息化、服务内容的知识化、服务载体的网络化、服务方式的多元化、服务态度的主动化。为此，探讨现代图书馆服务的创新，使图书馆能够在新的环境下快速发展，跟上时代的发展步伐，从而更好地满足用户对图书馆服务的需求，借此来促进图书馆相关理论建设及实践发展。

本书对用户需求下现代图书馆服务与创新进行了多角度的研究与分析，明确了现代图书馆多元服务内容的创新与发展，具有一定的理论和实践意义，希望能起到抛砖引玉的作用，让更多人关注我国的图书馆工作。

本书在撰写的过程中，参阅了有关图书馆服务方面的著作，同时也引用了一些专家和学者的研究成果，在此表示真挚的谢意！由于时间有限，书中难免存在一些不足之处，敬请广大读者及同行给予批评指正，以便将来更好地完善本书。

目　录

第一章 概　述

第一节　图书馆的概念与构成

　　书籍是人类进步的阶梯，图书馆则是存储知识的宝库。人类社会的发展，离不开图书馆的存在。人类对历史的了解，对历史文化遗产的吸收、继承和借鉴，是通过图书馆对知识信息的保存和传递实现的。现代社会中，知识信息与能源、材料并列，成为发展社会科学技术的三大支柱。社会的发展将主要通过对知识信息的利用来实现。图书馆作为专门从事知识信息收集、整理、传递和开发利用的职能部门，其社会地位和作用越来越重要。同时，随着现代教育事业的发展，图书馆作为没有围墙的大学，将成为社会开展继续教育、终身教育、培养人才的重要基地。

一、图书馆的概念

　　图书馆的英文是"library"，这一词源于拉丁语"librarium"，原义为藏书之所。中国古代的各种藏书处所，被后人通称为藏书楼，19 世纪末才出现"图书馆"一词。图书馆是收集、整理和保存文献资料并向用户提供利用的科学、文化、教育机构。文献是图书馆赖以存在的物质基础，没有文献也就没有图书馆。

　　图书馆的历史可追溯到公元前 3000 年以前，当时的美索不达米亚已有保存泥板文献的图书馆。此外，古代古埃及、中国和希腊等人类文明的发源地也出现了图书馆。19 世纪中叶，西方国家出现了由政府举办的向社会开放的公共图书馆。进入 20 世纪以来，图书馆类型和数量不断增多，向社会开放的范围不断扩大，提供的服务更趋多样化。随着现代科学技术在图书馆的广泛应用，图书馆管理已逐步走向自动化、现代化和数字化。虽然图书馆的产生时间较早，但对图书馆的定义还没有一个统一的、标准的说法。

在信息时代，计算机的普及使图书馆的形态发生了变化，原来都以一个实体形态出现在公众面前，如今开始逐渐变化成网络中的虚拟空间，文献载体向着数字化方向发展。但这些外在形态的变化并没有改变图书馆的本质。所以说，图书馆是以文献信息为活动对象，将之收集、整理、加工后提供给有需求的人的社会机构。简言之，图书馆是文献信息的存储与传递中心。

二、图书馆的构成要素

在信息爆炸的当今社会，图书馆的基本构成要素主要有以下几个。

（一）文献信息资源

早些时候文献指的是古代先贤的见闻、言论，以及他们所熟悉的各种礼仪和自己的经历。今天所说的文献范围是指用文字、图形、符号、声频、视频等技术手段记录人类知识的一切载体，或理解为固化在一定物质载体上的知识。文献是记录、积累、传播和继承知识的最有效手段，也是交流传播情报的最基本手段。正因为如此，人们把文献看作图书馆赖以存在和开展工作的物质基础。图书馆虽然是因图书而得名，传统图书馆的馆藏文献信息资源也确实以藏书为主，但随着文献信息资源的发展，图书馆文献信息资源的存在形式也大不一样。

当前，图书馆对文献信息资源分类主要有：按文献载体类型或形式区分，可以将其分为印刷型、缩微型、机读型和声像型；按不同出版形式及内容区分，可以将文献分为图书、连续性出版物、特种文献；按文献内容、性质和加工情况，可以将文献区分为一次文献、二次文献、三次文献。

虽然文献信息资源可以分为不同的类型，但总的来讲，图书馆所拥有的文献信息资源所涵盖的知识和信息内容必须具有可反复使用性，且不论其在传递过程中经过多少次的复制，仍要保持其原有的内容。

（二）用户的信息需求

用户是图书馆服务的对象。用户指凡是具有利用图书馆文献信息条件的一切社会成员，既可以是个人，也可以是集体。发展用户、研究用户、服务用户是图书馆用户工作的重要内容。人类社会的信息需求，推动了图书馆的产生与发展，也正是有了人类社会对信息的多种多样的需求，才孕育了图书馆这样的社会性服务机构。没有了人类社会的这种信息需求，也就不会产生图书馆，而只是单纯的图书收藏。

（三）馆员

图书馆的工作人员一般被称作"馆员"，是向用户提供服务的工作人员，是图书馆构成要素中的核心组成部分。馆员主要包括行政管理人员和专业技术人员。馆员是图书馆各项工作的管理者和组织者，是使藏书与用户发生关系的媒介，也是使藏书由潜在价值变为现实价值的关键。馆员的作用是在文献信息与用户需求之间搭建一座桥梁，起纽带作用。一方面，馆员根据自身对文献信息知识整合的专业技巧，向用户推荐文献信息资源；另一方面，根据用户对文献信息的需求和选择，将用户需求的信息呈现到用户面前，满足其需求。因此，馆员是构成图书馆系统诸因素中最活跃、最重要的因素。图书馆工作开展的好坏，图书馆社会作用发挥得如何，在很大程度上取决于馆员的政治素质和业务水平。

（四）文献信息的存储设备与建筑

不管何种形式的文献信息形式都依赖于某种具体的设备进行存储。例如，纸版图书的存储需要书架、书柜等，电子信息的存储需要相应的电子存储设备，这些文献信息的存储设备是随着时代的前进而进行变化和发展的。图书馆建筑的功能要与图书馆的职能相适应。馆舍建筑如果不能适应工作需要，馆内各种设备不齐全、不符合标准都将阻碍图书馆工作的开展，降低图书馆的社会功能。

（五）技术方法

技术方法是做好图书馆工作的主要手段，如藏书的收集、整理和开发利用的技术方法、用户服务的技术方法、图书馆组织管理的技术方法，以及以计算机技术为代表的现代信息技术。图书馆能不能发挥作用，主要决定于馆员能不能掌握正确的技术方法。现代图书馆作为社会知识信息的交流工具，必须将各种物质技术手段、工具和方法作为自己存在的基础。

（六）图书馆的管理

管理是图书馆各要素之间相互联系的纽带。图书馆的管理就是应用系统论的科学方法，按照图书馆的工作和图书馆事业发展的规律，合理地计划、组织并最大限度地发挥图书馆的人力、物力、财力等各种资源的作用。图书馆的管理是有效利用图书文献资源的需要，是实现图书馆工作现代化的需要。在海量信息的当今社会里，图书馆必须对数量庞大、内容复杂的文献信息进行准确的筛选和科学的整理加工，以便及时地将用户所需的信息传递到用户手中。不实行科学管理，就不能提高管理水平，即使有了先进的技术和设备，也不能充分发挥作用。

（七）图书馆文化

"文化"一词在西方来源于拉丁文"culture"，原义为对土地的耕耘和对植物的栽培，后来引申为对人的身体和精神两方面的培养。泛指人类在社会实践过程中所获得的能力和创造的成果。图书馆文化是人类社会整体文化的一个分支，具有相对独立的功能和自身独特的个性。图书馆文化具有如下几个特征。

第一，图书馆文化是在图书馆及图书馆事业不断演化的过程中衍生出来的。没有图书馆这一物质实体，就不会存在图书馆文化。

第二，图书馆文化是一个连续不断、动态积累的过程，是一定社会、时代的产物。

第三，图书馆文化具有民族性。不同地区、国家的图书馆文化具有本民族文化的特质。

第四，图书馆文化具有鲜明的时代特征。在图书馆发展的不同时期，图书馆文化表现形式和总体特征有所不同。在网络时代，图书馆文化体现出了网络文明的特性。

第二节 我国现代图书馆的类型

图书馆类型是社会分工日益向专业化方向发展，以满足不同人群的信息需求的产物。图书馆事业是由各种类型的图书馆组成的。而每种类型图书馆的产生和发展都有着自己的特点。随着图书馆事业的发展，社会上相继出现了各式各样的图书馆。这些图书馆的具体任务和服务对象不同，对书刊文献资料的搜集、整理、保管和传播的内容、方法、形式也各有差异。

一、图书馆类型划分的依据

确定划分图书馆类型的依据，需要弄清现在各种类型图书馆的基本状况，分析它们的相同之处和具体差异，然后根据这些情况确定划分的依据和标准。总的来说，图书馆类型划分的依据主要有以下几个。

（一）用户和用户的需求

图书馆针对特定用户群的信息需求来发展自己的信息资源体系，围绕其需求形成了自己的文献资源特色，进而影响图书馆的组织结构和服务方向，形成了不同类型的图书馆，如少年儿童图书馆、老年人图书馆、盲人图书馆、妇女图书馆等。

（二）图书馆的资金来源

不同资金来源的图书馆也能成为划分图书馆的依据。例如，公立图书馆的资金主要来源于政府，民办图书馆的资金主要来自民间捐赠或者个人。其中，就民办图书馆而言，资金来源还要进一步划分。比如，学者张广钦将民办图书馆分为连锁经营的图书馆、基金会资助建立的乡镇（农村）图书馆、私人图书馆、读书社、万家社区图书馆、企业建立的社会图书馆和民办学校图书馆。学者梁灿兴将民办图书馆分为自发形成的民营图书馆、商业性质的民营图书馆、慈善组织或资金资助建设的乡镇（农村）图书馆，"官"民合办的社区图书馆。学者张志广从创办主体和管理方式的角度将民办图书馆分为非企业单位形式的民办图书馆，准民间组织形式的民办图书馆，经营实体形式的民办图书馆，混合共建形式的民办图书馆。

（三）图书馆的文献信息资源体系

图书馆在自身的发展过程中也会逐渐形成具有自己特色的文献信息资源体系，也会影响图书馆类型的划分。

（四）图书馆的管理体制

图书馆的管理体制其实指的就是在图书馆实际运转中由谁对图书馆进行整体控制，谁负责确定图书馆的服务对象、资金投入及监督约束。因此，不同的管理部门构成的管理体制也是图书馆类型划分的依据。

二、我国图书馆类型划分的基市情况

根据国际标准化组织（ISO）和国际图书馆协会联合会（IFLA）制定的图书馆统计的国际标准，我国对图书馆做了如下分类。

（一）高等教育机构图书馆

高等教育机构图书馆指在高等院校中建立的，有组织地收集图书、期刊和其他声像资料，并向大学或其他高等教育机构的师生们提供并促进这些资料使用的机构。它也可以向一般公众开放。高等教育机构图书馆服务的对象是拥有较高专业水平的群体，因此，它虽然属于学校图书馆范畴，但由于其在性质、地位、馆藏特色、作用上区别于普通学校图书馆，所以将其单独列为一种类型的图书馆。高等教育机构图书馆是高等教育机构的文献信息中心，是教学、科研的信息保障，同时还是大学生的第二课堂。在国内众多的高校图书馆中，北京大学图书馆、清华大学图书馆最为著名。

（二）流动图书馆

流动图书馆又称"巡回图书馆"，有时是公共图书馆的一部分，指用交通工具装载文献，按一定的路线为偏远地区或因某种原因无法设馆的地区的居民提供借阅等服务的图书馆服务设施。作为图书馆延伸服务的一种成功模式，近年来流动图书馆在全国各地蓬勃发展。

（三）国家图书馆

国家图书馆是负责所在国家获取和保存所有相关文献复本的图书馆，它是承担法定呈缴本功能的图书馆。目前，世界上大多数国家都建有自己的国家图书馆，有的国家甚至不止一所。中国国家图书馆位于北京，由一个主馆和一个分馆组成，是国内图书馆中规模最大的图书馆，据中国国家图书馆官网显示，其拥有 3 700 万册（件）馆藏量，是亚洲最大的图书馆。中国国家图书馆建筑面积 28 万平方米，设有各具特色的阅览室。中国国家图书馆馆藏丰富，品类齐全，古今中外，集精结粹。作为国家藏书机构，中国国家图书馆依法接收全国各出版社送缴收藏的出版样书，另外还收藏全国的非正式出版物。

（四）公共图书馆

公共图书馆向所有居民开放，经费来源于地方行政机构的税收，其设立和经营必须有法律依据。公共图书馆担负着为大众服务和科学研究的双重任务，其中为大众服务、普及科学文化知识、提高全民科学文化水平是它的首要任务。除满足一般用户需求外，公共图书馆都会有一些独具地方特色的馆藏，如图书馆的地方志文献特藏。我国的公共图书馆主要按行政区域划分，除国家图书馆，有省、自治区、直辖市图书馆；地区、市、州、盟等行政区图书馆；县（区）图书馆，乡镇图书馆、街道图书馆等。这些公共图书馆的馆藏大多是综合性的，通常还建有地方文献的专藏。

（五）专业图书馆

这类图书馆是指中国科学院、中国社会科学院及研究所的图书馆，还有政府部门及其所属研究院（所）和大型厂矿企业的技术图书资料室，以及一些专业性的图书馆其服务对象主要是各种专业人员，主要任务是为科学研究和生产技术开发服务。其藏书的专业性强，一般按所属单位的科研、生产任务建立藏书体系，同时注重国内外专业信息资料的搜集，其收藏重点是能够支持本单位科学科研的专著、学术会议录、学术期刊和参考工具书，国外文献占很大比例，特别是国外期刊。专业图书馆包含多类型的图书馆，有综合性的，也有专业性的，如政府图书馆、健康服务图书馆和医学图书馆、专业学术机构和协会图书馆、工商业图书馆、传媒图书馆、地区图书馆。

（六）其他类型图书馆

1. 工会图书馆

工会图书馆是工会组织举办的群众文化事业机构。它是向职工进行思想教育的重要阵地，也是职工学习政治、学习科学文化知识的场所。

2. 少年儿童图书馆

少年儿童图书馆，包括独立设置的儿童图书馆和在一些公共图书馆设立的少年儿童分馆或少年儿童阅览室及服务部。其宗旨是提供图书资料，满足少年儿童学习文化知识和促进智力发展的需求。

3. 中小学图书馆

中小学图书馆亦称学校图书馆，在有些国家称为学校媒体中心或学校图书馆电教中心。中小学图书馆是中小学的有机组成部分，是学校教育和教学必不可少的条件。中小学图书馆的主要任务包括搜集、整理、保存各种书刊文献资料，建立与中小学教育要求相适应的藏书体系；利用各种文献为学校的教育教学服务；通过各种文献信息，为教师的教学、科研服务，为学生的课外阅读服务；开展有关图书馆知识和文献检索知识的教育。

4. 党校和党政机关图书馆

党校是中国共产党培养、训练社会主义现代化建设事业所需要的懂理论且有实际工作能力的党的各级领导干部的教育机构。党校图书馆就是为党的干部教育、培养工作服务的。它既为教学服务，又为科研服务，并根据单位工作需要，搜集、整理、保管有关专业文献，主要为本部门服务，如中共中央宣传部图书馆、中共中央马恩列斯著作编译局图书馆、外交部图书馆资料室、《人民日报》社图书馆。

5. 保存图书馆和存储图书馆

这两类图书馆主要功能是用以存储来自其他管理部门的、低利用率的文献资料的图书馆。此外，还有特种类型图书馆。这类图书馆一般指为残疾人服务的图书馆。这种图书馆服务对象具体包括肢体伤残者聋哑人、盲人、智力障碍人士、老年人、病人等。

三、我国图书馆建设模式

（一）基层图书馆与流动图书馆建设模式

基层图书馆可以说是我国对图书馆的一种特有界定，国外的地区图书馆虽可以简单对应为我国的基层图书馆，却没有体现"基层"二字所代表的覆盖特点和行政级别。

基层图书馆由街道/乡镇和社区/乡村两级组成。根据建设主体的不同，街道/乡镇图书馆可以划分为三种模式：由县市级政府主导建设，一般通过红头文件的形式促动，并给予经费扶持；由县市级及以上图书馆与街道/乡镇政府联合建设，通常作为县市级图书馆的分馆；由街道/乡镇政府自主建设。

社区/乡村图书馆存在多种形式，根据建设主体和日常管理部门的不同，主要可以分为四种类型：县市级政府根据布局规划，统一建设并负责运行维护的公共图书馆（室）；由县市级政府统一建设但归居民委员会或村民委员会自主管理；由居民委员会、村民委员会或其他社会力量与县市级图书馆联合建设，作为公共图书馆服务体系的分馆运行；由居民委员会、村民委员会或其他社会力量自主创办并负责运行。另外，由新闻出版总署和中央文明办等八家单位联合实施的社会主义新农村文化建设项目"农家书屋工程"也涵盖了基层图书馆的功能。

流动图书馆一般以流动图书车的形式存在，是为离图书馆较远或交通不便的居民区域定期提供图书服务的一种手段。这种模式由来已久，目前在发达国家仍普遍存在。流动图书车不仅是基层图书馆建设盲区的必要补充，而且借助现代无线通信技术可以真正与总馆相连，完成通借通还、在线预约，实现图书馆基本功能。

（二）总馆/分馆建设模式

总馆/分馆建设模式是发达国家普遍采用的公共图书馆服务体系形式，根据美国图书馆协会的定义：总馆是一个独立建制的图书馆或一个图书馆体系中充当管理中心的图书馆，是集中加工文献和收藏体系主要文献的场所；分馆是总馆把一部分业务分离出去而形成的附属场馆，分馆必须拥有基本馆藏、常规的人员配置和固定的开馆时间。如图 1-1 所示，总分馆体系是一个联系非常紧密的整体，总馆和分馆分属于不同的级别，两者之间有着较为严格的隶属关系。

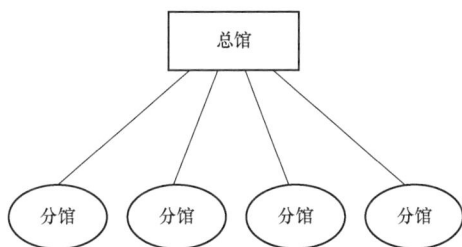

图 1-1　总馆/分馆模式

我国各地在现行体制框架内不断探索适于本地区发展实际的总分馆模式，根据形成方式不同可以分为自下而上和自上而下两大类，根据总馆和分馆联系密切程度分为全委托和半委托两种类型。同时也有部分公共图书馆服务系统已经建立起比较严谨的总分馆结构。

1. 通过自下而上全委托而形成的总分馆体系

通过自下而上全委托而形成的总分馆体系指一个总馆与其分馆之间通过

协议建立的，按以下模式运行的总分馆关系：分馆或其主管部门将一定数额的年度购书经费和人员工资委托给总馆使用，总馆按双方认同的书刊数量、人员数量和资产管理办法为分馆配备藏书和人员，保证图书馆正常开放；分馆按双方认同的标准保证分馆运行所需的设备、场地和其他工作条件，同意将图书的资产权临时（在协议期间）转让给总馆支配；读者用一张读者证可以通借通还总馆和任何分馆的图书。在我国现有体制框架下，这可能是最接近于真正意义的总分馆体系的模式。目前采用这种模式的地区有苏州、哈尔滨、厦门等地。

2. 通过自下而上半委托而形成的总分馆体系

通过自下而上半委托而形成的总分馆体系指一个总馆与其分馆之间通过协议建立的，按以下模式运行的图书馆服务体系：分馆将双方认同的一定数额的年度购书经费委托给总馆使用，总馆按双方认同的书刊数量和资产管理方法为分馆配备藏书，分馆按双方认同的标准保证图书馆运行所需的设备、场地、人员和其他工作条件，并保证按时开放；读者用一张读者证可以通借或通借通还总馆和所有分馆的图书。这种模式在许多地区存在，如天津的阳光 100 小区分馆、苏州公共图书馆系统。

3. 通过自上而下全委托而形成的总分馆体系

通过自上而下全委托而形成的总分馆体系指一个地区的地方政府以文件或其他形式将支持该地区基层馆建设的经费委托给某中心图书馆使用，并责成中心馆为下一级图书馆配备资源，实施业务管理和协调服务，从而在中心馆与下一级图书馆之间形成具有业务隶属关系的图书馆服务体系；总馆为分馆配备的资源产权属于总馆，总馆可以在基层馆之间调配其配备的资源，使其在基层馆之间流动；流动的馆藏构成中心馆的流动分馆，同时构成基层馆的"馆中馆"。采用这种模式的有广东省的流动图书馆、深圳福田区公共图书馆。

4. 通过自上而下半委托而形成的总分馆体系

通过自上而下半委托而形成的总分馆体系指一个地区的地方政府以文件或其他形式将支持该地区基层馆建设的经费委托给某中心图书馆使用，并责成中心馆为下一级图书馆配备资源，从而在中心馆与下一级图书馆之间形成具有业务隶属关系的图书馆服务体系；总馆为分馆配备的资源产权属于分馆，读者用一张读者证可以通借或通借通还总馆和所有分馆的图书。采用这种模式的有东莞图书馆之城、北京西城区公共图书馆。

5. 完全总分馆体系

完全总分馆体系指一个图书馆在本级政府支持下，投入一部分图书、设备、人员，在本馆之外另外开设新馆作为自己的分馆，总馆与分馆之间发放统一读者证，读者用一张证可以使用总馆和所有分馆的服务。这种模式的代表是佛山禅城区联合图书馆，另外咸阳市、厦门市、杭州市等城市建立的部分公共图书馆分馆也采用了这种模式。

（三）区域性图书馆服务网络建设模式

区域性图书馆服务网络是指一个地区的图书馆在一定的协调组织和计算机管理系统支持下，组成由若干总分馆体系或独立建制的图书馆共同参与的网状行业管理机构，使不同的总分馆体系或独立建制的图书馆可以突破因建设主体不同而产生的资源所有权限制，在一定程度上实现资源共享。如图1-2所示，区域性服务网络模式通常没有类似于总馆/分馆模式的级别划分和隶属关系，由各成员馆组成的网络结构相对松散。区域性图书馆服务网络建设首先需要解决的就是馆际互借的机制问题。当前，各地所实施的馆际互借管理模式可以概括为三类：一卡通借模式、一卡通借通还模式，以及分层通借通还模式。

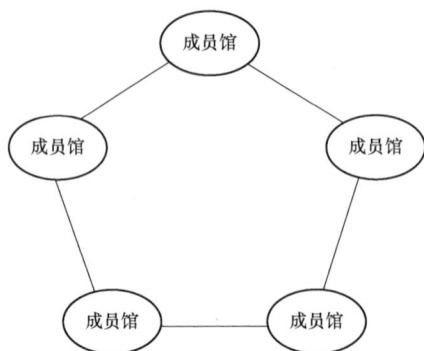

图 1-2 区域性服务网络模式

1. 一卡通借模式

一卡通借模式指一个地区的图书馆在一定的协调组织和计算机管理系统支持下,组成由三级或四级图书馆(市、区县、街道/乡镇、社区/村图书馆,下同)共同参与的网状行业管理结构:读者用一张读者证可以到网内任何一个图书馆(节点)借阅图书,但需将所借图书归还原馆。"北京公共图书馆服务网络系统"是这种模式的典型代表。

2. 一卡通借通还模式

一卡通借通还模式指一个地区的图书馆在一定的协调组织、计算机管理系统和物流系统支持下,组成由三级或四级图书馆共同参与的网状行业管理结构,读者用一张读者证可以到网内任何一个公共图书馆借阅图书,且可以将所借图书归还网内任何一个图书馆。代表性服务系统有"上海中心图书馆一卡通"、杭州"一证通"工程等。

3. 分层通借通还模式

分层通借通还模式指一个地区的图书馆在一定的协调组织、计算机管理系统和物流系统支持下,组成由三级或四级图书馆共同参与的网状行业管理结构,读者用一张读者证可以到网内任何一个公共图书馆借阅图书,同时可以在一定范围（如一个区）内通借通还任何图书馆的图书。采用这种模式的有深圳图书馆之城、佛山市联合图书馆。

第三节 图书馆服务的本质与发展

在知识经济成为社会经济主流的新时代，知识总量不断增长，知识应用不断扩展和创新。用户对知识的需求发生了很大的变化，从以往希望准确、高效地获取和利用信息的需求转化为对信息内容、知识的渴望，这就给以为用户服务为根本宗旨的现代图书馆带来巨大挑战，为了在知识迅速增长的现代社会生存下来，并不断与互联网及其他一些现代化的信息服务平台开展竞争，现代图书馆必须转变思想观念，树立服务意识，不断提升图书馆的服务水平。

一、图书馆服务的本质

（一）图书馆服务的概念

随着社会经济的发展及人类分工的不断细化，一方为满足另一方需求的社会活动——服务就必然产生，所以服务是人类社会发展到一定阶段的必然产物。人们对服务这一概念的认识是随着社会实践过程的发展而不断深化的。图书馆服务这个概念在现代图书馆工作中有着特定的内涵和外延，它反映了人们对图书馆服务工作本质属性的认识。

这里的图书馆服务，就是通常所讲的图书馆用户服务。但由于现代图书馆服务功能的扩大和服务形式的多样化，图书馆的服务对象在以传统读者为主体的情况下，已不单单局限于读者用户这个群体，而是扩大到其他需要图书馆提供各种类型服务的用户，因此，图书馆读者服务改称图书馆服务更为贴切和符合图书馆工作实际，也有利于对图书馆服务作深入的研究。

从人们对图书馆服务的各种界定分析，现代图书馆服务具有以下几个共同的结构因素。一是图书馆的服务对象——以用户为主体的社会各种组织和个人组成了图书馆服务的用户，其中某些个人和单位可能还不一定是图书馆文献信息资源的利用者。二是图书馆资源，也可称为图书馆服务资源。它是图书馆开展服务的基础条件，包括文献信息资源、人力资源、设施资源，以及其他一切可以为社会和个人所利用的资源。三是图书馆服务对象以文献信息为主包括其他各种形式的服务需求。四是为满足社会和用户需要的各种服务手段和方式，这是服务实现的前提条件。因此，图书馆服务就是图书馆为了满足社会和用户的文献信息等多方面需求，利用自身的资源，运用多种方法所开展的一系列服务活动。这样一个定义，既符合目前图书馆服务工作的实际，又符合图书馆服务功能开放性发展的趋势，具有一定的前瞻性。

从服务营销学的角度，可以把图书馆服务看作一种服务产品，一种称之为知识服务的产品，即以信息知识的搜集、组织、分析、重组的知识和能力为基础，根据用户的需求和环境，融入用户解决问题的过程之中，提供能够有效支持知识应用和知识创新的服务。由于图书馆服务大都无形且不可感知，用户获得服务的过程实质上也是感知和体验服务的过程，具有很强的伸缩性。因此，必须把用户感知到的与图书馆服务的载体连接起来。

为此，可以从 4 个层次对图书馆"服务产品"这个概念加以理解。一是核心产品，由基本服务产品组成，就图书馆而言，就是为用户不断地查询、分析、组织文献、知识和信息的过程。二是期望产品，它与核心产品一起构成满足需要的基本条件。人们到达图书馆后，除获得文献、知识和信息外，还有一些附加元素，包括简单和方便的办证手续、准确而又简明的导引系统、舒适的等候条件、快速的检索、输出服务等。三是增值产品，即得到的产品与其他产品的差别体现。图书馆提供的服务产品有别于其他产品的差别体现在图书馆关注和强调利用自己独特的知识和能力，对现有的文献进行加工，从而形成新的具有独特价值的信息产品，为用户解决他们不能解决的问题。

四是潜在产品，用户得到产品所获得的潜在利益和价值。用户在接受图书馆提供的服务产品同时，他们自身的知识积累和文化修养也得到提高，增加了用户感知的附加值。这 4 种产品中后三个层次（期望产品、增值产品、潜在产品）统称为边缘产品，有时也叫"附加服务"。

图书馆服务是人类社会活动的重要组成部分，贯穿于人类社会发展之中。从古代藏书楼到现代图书馆，随着社会的不断发展，其服务形式、服务内容、服务手段不断变化，但服务本质没有改变，即以文献资源为主体，为社会提供服务。

（二）图书馆服务的本质

图书馆的服务观念和服务工作有一个缓慢的发展过程。在漫长的发展过程中，图书馆服务由最初形式的藏书开放，逐步发展到外借、阅览等流通方式；由只为少数学者专家服务，发展到为广大的民众服务，由单纯的流通书刊，发展到宣传图书，指导阅读；由被动提供文献的资料，发展到主动开发信息资源。这是一个由低级向高级，由简单向复杂，由被动向主动的历史发展过程。每个发展阶段都使用户服务工作向更高的水平迈进。

从服务观念和服务思想上来看，在强调文献的提供和传递作用的同时，必须强调对用户的教育作用。从历史发展来看，凡是比较强调图书馆服务工作的教育作用，把用户服务作为一种育人的手段来看待的，那个时期的服务工作就比较深入，也比较丰富和活跃，取得的成绩也比较明显和突出。所以，在用户服务工作中抓住教育作用这个重点是提高服务质量的关键。

传统图书馆的服务主要是以文献借阅为主，而在信息网络时代的图书馆应力图突破这种局限，强调图书馆的多功能创新服务，即图书馆要深化文献信息资源服务，不仅提供文献单元服务，还要提供信息知识服务，接受各种咨询，解答各种问题。同时，还要扩大服务领域，积极为大众提供休闲、审美、交流、健身、学习等多方面的服务。在信息化社会，图书馆服务的本质不但强调图书馆服务多功能，还要注意加强特色服务，特色服务的基本前提是每一个图书馆都应该建设出自己的馆藏特色，以展示自己存在的个性，同时馆藏资源以某一学科领域及相关文献为范围，在服务上有针对性，服务方式灵活新颖。图书馆因其馆藏的专一性，可以在信息知识服务上迅速形成"垄断"地位，提高服务的权威性及保障率。

现代图书馆服务是一种有着丰富内容和重要意义的工作，它是图书馆工作的主要组成部分，是图书馆这个组织联系社会与用户的桥梁，是图书馆工作的最终价值体现，是图书馆工作的出发点和最终目的，也是图书馆为社会的物质文明、政治文明和精神文明建设作应有贡献的主要途径和手段。图书馆是文献信息的服务中心，而图书馆员作为信息资源的管理者，无论对传统的印刷品信息资源，还是对现代化的电子出版物及网络信息资源，都应利用其自身的知识和技能进行有序的管理，主动搜选编辑、加工提炼生产再创信息，以便向用户提供高质量的、针对性强的信息资源；成为信息资源管理的专家，在信息社会中扮演并担负起"信息导航"者的角色，帮助用户合理利用文献信息资源，引导用户以最快最佳的方式查找所需文献，并且在整个服务过程中，要遵循"省力原则"，要了解到"查找、利用方便"是吸引用户的关键。

信息技术迅猛发展，因特网席卷全球，证明了信息资源共享信息服务的网络化已经是不可逆转的潮流。网络环境给图书馆的服务工作带来了前所未有的机遇，同时也带来了挑战。网络环境为图书馆服务提供了得天独厚的良好机会，图书馆应抓住这个机会，对信息资源的收集、加工整理、服务赋予新的内容和方式。图书馆的整体组织、人员安排、业务流程都要不断适应网络环境的要求，传统的服务方式可以利用网络环境来发挥新的效益。例如：图书馆的查询、外借预约、馆际互借等服务，可以通过网络功能实现。但是要实现网络环境下对图书馆服务提出的高水平、高质量的要求，必须对图书馆员的知识结构提出新的更高的要求。在信息服务的过程中知识技术含量加大，向智能化发展，图书馆从事用户服务工作的专业人员在工作方式、工作价值、工作效率、工作成果等方面将发生质的变化。

现代信息技术在图书馆的广泛应用使图书馆与信息用户的关系发生了新的变化,随着用户自行上网检索的增多,馆员服务的机会也逐渐减少,图书馆员必须转变观念,提高认识,由过去那种检索服务转变为检索服务和指导服务并重,这就要求馆员必须对网络环境的检索(工具信息资源、使用方法,包括计算机日常操作、信息检索技术、网络技术、信息存储技术、系统开发与维护等)比一般用户有更多更全面的了解,以保证在计算机网络环境下,顺利进行信息处理工作,而且可以利用网络转变图书馆与用户之间原本传统的交流和沟通方式。网络环境下图书馆工作人员必须彻底转变旧的服务理念,重视"人"的因素;以用户为中心,真正树立"用户至上,服务第一"的观念,自觉做好用户服务工作,更好地服务于用户。

二、图书馆服务的发展

中国的图书馆历史悠久,源远流长。但由于长期受封建社会制度的制约,"保存藏书"一直是其主要功能,很少有对外开放服务。尽管明末曹溶曾经在其所著《流通古书约》一书中,提倡用传抄和刊刻方法扩大藏书的流通和传播范围;清代进士周永年的"籍书园"和道光内阁国英的"共读楼"等私人藏书楼曾准许少量用户定期人内阅览,但影响都不大。真正开始向社会开放,提供服务的是 1904 年浙江绍兴徐树兰创建的古越藏书楼和此后的一些省立公共图书馆。辛亥革命以后,中国图书馆的服务对象逐渐扩大,如京师通俗图书馆设置新闻阅览室、儿童阅览室,并在一些县设立巡行文库。1919 年"五四运动"前后,当时任北京大学图书部主任的李大钊强调图书馆的教育职能,提出公共图书馆应向工人、市民开放,实行开架阅览。以杜定友、刘国钧等为代表的欧美图书馆学派,推行西方的办馆思想,也主张图书馆为民众服务,要用各种方法吸引用户,并辅导他们自学。李小缘则强调图书馆发挥"消息总机关"的作用,向社会提供咨询服务。

中华人民共和国成立以后，公共图书馆、高等学校图书馆、科学技术图书馆等各类型图书馆分别根据其主管部门制定的图书馆条例中的有关规定，通过阅览、外借、复制、参考咨询、文献检索、宣传报道、定题情报提供、情报分析等方式，广泛地为人民服务，为经济建设、科学技术和文化教育事业的发展服务。由于代查代借、代复制、邮寄借书和流动图书馆服务的开展，使远离图书馆的用户也可获得图书馆服务。

20 世纪 70 年代前后，图书馆工作开始计算机化，但主要应用于内部业务，未能在根本上改变图书馆服务的基本架构。随后兴起的信息化热潮，对图书馆传统的一次文献服务形式形成了强烈的冲击。信息服务是以向人们提供有用的显性信息为内容的信息传播过程，其特点和局限性在于信息内容限于显性信息与显性知识，在信息服务过程中采集、提供的信息，主要是将文献直接提供给用户，如一次文献、二次文献。计算机网络普遍应用后，文献利用的"场所束缚"、图书馆利用的"时间限制"、文献与利用者的"地理间隔"等问题不复存在。

网络的出现使图书馆界认识到图书馆的核心能力不在于所拥有的资源，而在于其具备的利用广泛信息资源为用户创造价值的知识和能力。在今后的发展中，图书馆的核心能力将定位在知识服务上，即以信息知识的搜寻、组织、分析、重组的知识能力为基础，根据用户的问题和环境，融入用户解决问题的过程之中，提供能够有效支持知识应用和知识创新的服务。

第四节　现代图书馆服务的原则与特点

在长期的社会实践中，图书馆界根据服务工作的规律，总结出了一系列服务原则与特点，推动了图书馆服务。

一、现代图书馆服务的原则

（一）以人为本原则

在图书馆服务中，图书馆工作人员应以满足用户需求为核心，以积极的服务态度和认真的服务精神，通过各种措施，调动一切力量，为用户充分获取和利用图书馆各种信息资源提供服务，这就是以人为本原则。也就是说，在图书馆服务中，所有文献、所有人员、所有工作都要把为用户服务当作出发点和归宿，图书馆的各项服务工作也都要围绕用户的需求进行。

在以人为本原则的引导下，不少图书馆在向用户提供服务时都推出了以用户为中心的服务模式，这种模式强调用户的主导地位和主观能动性，强调用户专业素养、检索能力和分析能力，图书馆管理人员只进行前期和后期服务，中间让用户自己服务于自己。同时，图书馆要将"用户第一，服务至上"的服务精神和服务理念融入图书馆服务的各项工作中。在具体的工作中，要从方便大多数用户出发，查看馆藏文献信息是否符合用户的需要；图书馆服务内容是否满足用户的多样性需求；图书馆员的服务态度是否令用户满意；图书馆信息服务的能力和效果是否令用户满意；图书馆服务实施是否方便用户使用；图书馆信息服务方式是否能满足用户的个性化需求等。换句话来说，图书馆应根据用户的知识结构、认识规律思维能力、使用习惯等来创新服务，一切围绕解决用户的实际问题来开展，只有这样，图书馆服务内容才能赢得用户，赢得市场。

（二）平等服务原则

图书馆平等服务原则就是平等的关爱和尊重每一位用户，维护每一位用户的合法权益。具体来看，在服务过程中，图书馆应保障用户的权利有：平等享有阅读的权利；平等享有取得用户资格的权利；平等享有对图书馆工作进行评价的权利；平等享有获得图书馆辅导帮助的权利；平等享有个人人格和隐私不受侵犯的权利；平等享有参与和监督图书馆管理的权利；平等享有遵守图书馆规章制度的权利和义务；平等享有提出合理化建议的权利；平等享有接受安全、卫生等辅助性服务的权利；平等享有当自己的合法权益受到侵害时提出改进、索赔或诉讼的权利。

以上用户权利的保障体现了图书馆无身份歧视的理念，除此之外，图书馆要实现真正的平等服务，还要能关爱弱势群体。图书馆能否真正提供平等服务，关键在于能否平等对待弱势群体，能否给弱势群体以人道主义关怀。

（三）自由原则

自由原则是图书馆服务的关键原则。没有平等权利，就不可能有自由权利，如果只有平等权利而没有自由权利，那么平等权利则不是真正意义上的平等权利。

1. 自由权利

图书馆用户享有自由利用图书馆信息资源的基本权利。一方面，图书馆用户应该可以自由地利用图书馆的信息资源，即图书馆用户可以自由地检索和获取各种内容、类型、形式的信息资源。另一方面，图书馆应该充分保障图书馆用户自由利用信息资源的权利：其一，图书馆不应该对图书馆用户进行各种形式的审查，例如，图书馆用户身份的审查、用户利用信息资源动机与目的的审查、用户利用信息资源内容的审查等；其二，图书馆应该坚持公共、公开的原则，向用户开放图书馆的信息资源，不应该审查馆藏信息资源，或者自行划分馆藏信息资源的使用等级，以限制用户的自由利用；其三，图书馆应该自觉地抵制各种非法的审查制度与行为，不受制于任何商业压力，如公司企业或者利益集团通过各种形式的赞助来限制或者改变图书馆信息资源的利用方式。

2. 合理利用

确保国家利益和用户利益不受侵害，是保障用户自由地利用图书馆权利的基本前提。任何时候、任何地方都不存在绝对的自由，利用图书馆的自由自然也不例外。也就是说，自由利用必须以合法利用和合理利用为基本前提。

首先，图书馆在向用户提供信息资源的自由利用的过程中必须遵守国家的法律法规及相关制度，自觉地维护国家的利益，自觉地抵制各种违法犯罪行为；同样，图书馆用户在自由地利用图书馆的过程中也必须遵守国家的法律法规及相关制度，不损害国家的利益，不危害信息安全，不发生违反法规的行为。

其次，图书馆应该自觉地保护图书馆用户利用信息资源的隐私权，不泄露图书馆用户的身份信息、不泄露图书馆用户利用信息资源的信息等；同样图书馆用户也应该尊重其他用户的隐私权。

最后，图书馆在提供信息资源服务的过程中应该充分地尊重和保护知识产权自觉地抵制各种盗版信息资源和盗版信息资源的行为；同样，图书馆用户在利用信息资源的过程中也应该充分地尊重和保护知识产权，不违规复制信息资源，不恶意下载信息资源，不滥用信息资源。

（四）主动服务原则

主动服务原则主要指图书馆以社会和用户的文献信息及其他文化、教育、休闲需求为核心，以积极的态度和服务精神，采取各种措施和手段主动地为社会服务。倡导主动性原则，能促使图书馆员始终以用户为中心，处处为用户着想，增强责任感，从而形成一切为用户的工作局面，以科学的管理方法和良好的服务赢得众多用户，体现图书馆对社会经济发展的先导作用。

一般来说，在现代图书馆服务中，需要图书馆工作人员做好主动服务的工作包括以下几个方面：生产开发有特色、实用、能在线服务的数据库，以及馆藏资源网上公开查询和浏览系统，推动图书馆由文献资料的收藏者向知识信息的生产者开发者转变；利用自身收集、综合、分析判断与整理信息能力的专业优势，开发利用网上资源，拓展图书馆服务，为用户提供信息的组织加工检索导航的服务；借助网络与通信的优势，继续开展传统的主动服务并利用新的技术提高其质量，开展新的更高质量的服务；为用户举办讲座和培训班，普及网络知识和检索技能，介绍上网常见问题及解决办法等，提高用户自我服务的能力；追踪用户需求的变化，做好机动性主动服务。

（五）开放服务原则

一般来说，图书馆在服务用户过程中，施行开放性原则要从资源、时间、人员和馆务上入手。也就是图书馆在服务用户的过程中，应该面向所有用户提供尽可能自由开放的服务，在传统图书馆服务的基础上，实现全开架服务、延长服务时间、打通资源配置、取消或减少用户利用资源的限制、开放网上信息服务等，充分体现图书馆的公共服务思想。

就资源来说，图书馆应向用户开放所有资源和设施，最大限度实行开架借阅；与其他院校图书馆联合实行资源共建共享；建立网上各种信息资源数据库为广大用户使用；增加计算机检索设备的使用和开放等。

就时间来说，图书馆应尽可能延长用户利用图书馆的时间，如节假日和公休日不闭馆，以延长开放时间，保证开馆的连续性；图书馆网络服务器24小时不间断地工作，以保证用户利用图书馆不受时空的限制。

就人员来说，图书馆应不分国籍、种族、年龄、地位等，向所有用户开放，无论是学生还是教师，无论是领导还是普通人，都全部开放，以实现"每个用户都有书"。

就馆务来说，图书馆在服务的过程中，应注意凡是与用户服务的有关制度、规定、做法及其结果向用户公开，实行透明管理。

（六）客观服务原则

考虑到用户需要利用从图书馆获取的文献信息资源来指导客观实践活动的，因此，图书馆向用户提供的文献信息资源要保持"原创性"，换句话来说就是，图书馆服务要立足文献信息资源的本义，保持提供的深层加工的文献信息资源与原文献信息资源在本质上一致，这就是图书馆的客观服务原则。

客观服务原则要求图书馆坚持实事求是的客观性，所提供服务的产品——文献信息资源所包含的内容要与加工、整合前的原本文献信息资源的内容在本质上相吻合，也就是文献信息资源服务中提供给用户的文献信息资源及文献信息资源产品必须反映客观事物的本质属性。

（七）区分服务原则

区分服务原则是图书馆根据用户的不同需求特点，采取不同的服务方式，提供不同内容、不同范围、不同层次的文献信息，也就是根据用户不同的需求特点，尽可能提供个性化的服务。图书馆区分服务的实质，在于讲究服务艺术、注重服务效果、着眼服务质量，这是搞好用户服务工作的基本原则。

从图书馆服务的对象来看，不同职业，不同年龄、不同文化程度、不同兴趣爱好的图书馆用户的需求各有差异。青少年较多为求学型用户，这部分用户大多是想要获得学业上的提升，因而借阅的是文化教育类书籍、专业书、学习辅导书、科普读物等。而走上职场的成年人，由于在社会组织和职业活动中承担着一定的责任和义务，因此对信息、文献资源的需求会受职业活动和社会生活的影响，借阅的图书大多集中在人文社科职业素养提升等方面。图书馆只有针对用户不同层次和类型的文献信息需求，有区别地分层次地提供服务才能提高工作效率，提高服务质量，真正满足用户的一切需求。

同时，区分服务的原则是实现图书馆各项社会职能所要求的。总体上讲，图书馆有收藏职能、教育职能、信息职能、文化娱乐职能等。就教育职能而言，又可分为一般教育、专业教育、文化娱乐职能等教育、综合教育等。只有区分服务才能达到应有的教育效果，促进人才的成长。就信息职能而言，为教学、科研生产服务，"广快精准"地传递文献信息，开展对口跟踪服务、定题服务，实际上就是一种区分服务。就文化娱乐职能而言，从内容到形式，要满足各类型用户千差万别的需要，必须贯彻区分服务的原则。

（八）省力原则

省力原则描述的是人类的各种社会行为，用户利用图书馆服务的行为自然也不例外。用户在利用图书馆服务的过程中，也会有以最小的付出获取最大收益的心理与行为趋向。图书馆服务的省力原则具体体现在：馆舍地理位置和资源组织要方便用户，用户辅导要容易获得并通俗易懂，服务设施与服务方式要方便用户，阅览空间要人文化。

对于图书馆来说，重视省力原则，不仅要注意服务的可接近性与易用性，还要进一步深化服务内容，提供多元化的服务项目和准确可靠的信息内容。用户利用图书馆服务都是为了满足自己的某种文献信息需求，达到自己的某个目的。因此，图书馆提供的文献信息应尽量满足他们对知识和信息的需求。

1. 馆舍位置

网络条件下，"图书馆离我有多远"已不那么重要，但是，"去图书馆是否便利"仍是许多人关心的问题，因为亲身到图书馆享受恬静、舒适、典雅环境的惬意感受，是网络环境所不能提供的。既然图书馆是人们的理想去处，就应处于便利的位置。图书馆的地理位置关乎是否方便人们到达，是影响图书馆利用率的一个极其重要因素。

2. 资源组织

文献信息资源组织的用户保障原则要求图书馆按照方便用户检索、利用的原则组织资源。馆藏资源的物理载体组织要方便用户利用，这既要求图书馆在馆藏资源的空间布局上最大限度地拉近用户与资源之间的时空距离。馆藏资源的内容组织要方便用户利用。图书馆要建立一套完善的馆藏文献信息检索体系，力争达到"一检即得"的效果。穆尔斯定律指出：如果一个检索系统使用它比不使用它更麻烦更费力的话，这个系统便不会被使用。这就说明，检索系统不仅要讲究科学性，还要讲究方便。

3. 服务设施

服务设施要方便用户，在建筑格局和家具摆设上应考虑用户利用是否方便，显示出书中有人、人在书海的意境。服务设施的设计要根据人体工程学的原理。另外，服务设施的方便性还有一个重要问题就是要专为残障群体用户提供方便。

4. 服务方式

在服务方式上，一要贴近用户，二要从细微处入手。深入社区或街区设立分馆，是图书馆贴近用户、方便用户的有效服务方式；关注并满足用户的个性化需求，也是图书馆贴近用户、方便用户的有效形式；千方百计减少对用户的限制，是方便用户不可或缺的重要方面；从细微处方便用户，要让用户感到方便无处不在；服务方式灵活多样，也是方便用户的重要措施。

遵循省力原则规划图书馆的服务系统，方便用户利用，满足他们的心理要求，保证他们只需付出最小代价便可轻松使用图书馆的服务，应成为每个图书馆追求的目标。

（九）科学服务原则

科学服务就是遵循图书馆服务的自身规律，按照科学的思想，以科学的态度、科学的方法、科学的管理措施，组织和开展图书馆的服务活动。

科学的思想，是指在图书馆服务工作中，要着眼于全局，善于运用全面的、联系的、发展的观点去认识问题、解决问题，以开发图书馆资源，充分且有效地满足用户的各种需求为依据，加强各方面的联系，做好协调工作，不断解决矛盾。

科学的态度，就是要实事求是，一切从实际出发，讲究实效，不搞浮夸，不追求表面形式，创造性地将社会的文献信息需求与图书馆的实际条件结合起来，进行研究，切实满足各方面的需求。

科学的方法，就是要理论联系实际，采用先进的、实用的、有效的方法，提高工作效率和服务质量。

科学的管理措施，代表着图书馆和用户的根本利益，是顺利开展服务工作的保证。既有原则性，又有灵活性地执行图书馆的规章制度，一切以图书馆服务对象的利益为出发点。

（十）特色服务原则

特色服务的核心是提高服务工作的针对性，从多层次、多角度满足用户的个性化、特色化的需求。

不同的图书馆在性质、任务、服务对象或地域上存在一定的差异，这就使不同的图书馆在信息搜索、图书馆藏、服务方式经营特点等方面存在差异，呈现出独特的内容或风格。图书馆在建设的过程中，应抓住自己的特色，建立具有特色的服务模式，从而有效吸引用户，提高图书馆社会地位。

需要注意的是，特色服务与区别服务是相辅相成的。特色服务工作中，必须针对用户的不同文化程度、不同的工作性质不同的年龄和性别，利用不同内容和性质的文献，采用不同的服务方式，有区别地开展工作。特色服务是适应市场经济需要，强化图书馆自我发展的重要途径。

（十一）创新服务原则

作为社会文化知识保存、传递的重要平台，图书馆所收藏的文献信息、用户的信息需求、服务技术，以及馆员的业务能力和业务水平都是在不断增长、不断变化着的，这种变化必然导致新的图书馆形态和结构的形成，在此过程中，图书馆只有坚持创新服务原则，才能保证图书馆的科学发展。

一般来说，图书馆的创新服务主要体现在理念、内容和方式方法上。

就理念来说，图书馆要树立创新意识，确立主动化、优质化、品牌化、专业化的服务理念，具体体现在：服务中要主动想方设法贴近用户，处处为用户着想，为他们提供尽可能的方便；讲究"精、快、广、准"的服务质量，满足用户求新、求快、求便捷的心理；通过特色馆藏、特色服务、特色活动、特色环境等突出本馆服务特色，建立图书馆特有的品牌服务；建立一系列严格的业务规范与规则，凸显图书馆服务的专业化。

就内容来说，随着知识经济时代的来临，图书馆服务的内容急需拓宽，这就要求图书馆要加大信息服务和便民服务的内容。在信息服务方面，主要是加大网上信息导航服务内容。在便民服务方面，加大为社区服务的力度，其内容包括职业介绍、购物指南技能培训指南、市政服务咨询、家政服务咨询等。在文献信息服务方面也要创新，主要是加大参考咨询服务的力度，努力从文献服务向知识服务演进，提高图书馆服务的知识含量。

就方法来说，图书馆应改变传统的单一的馆藏文献借阅服务模式，利用现代网络平台，提供多种数据库服务、知识库服务，以及各种在线或离线信息服务和主动推送服务、虚拟参考咨询服务、网络呼叫、智能代理服务等，以不断丰富图书馆服务的方法和手段，适应不同用户需求、不同服务情况。

二、现代图书馆服务的特点

（一）服务理念的信息化

信息服务首先是一种观念、一种认识和组织服务的理念。信息服务理念是开展信息服务工作，确定信息服务策略、方式与模式的思维准绳和理论基础，是信息服务的灵魂。知识经济的迅速发展，以及用户在网络环境下呈现出对知识的迫切需要，促使图书馆必须在知识服务层面上花功夫，有效地收集、组织、存储信息资源，根据用户的需要对信息资源进行深层次开发，挖掘其中隐含的知识，提供解决问题的知识。信息服务的价值主要体现其为社会经济发展提供服务的知识含量非简单的信息数量。

（二）服务内容的知识化

服务内容的知识化是以信息用户的需要为目标，将图书馆信息服务的工作重点从文献利用转移到知识运用上，强调信息资源的开发与利用，为信息用户提供的不仅是信息线索及相关文献，更主要的是从复杂的信息资源中获取到的解决现实问题的信息知识，将这些知识信息融合重组为相应的问题解决方案，并将之转化到新的产品、服务或管理机制中。

（三）服务载体的网络化

网络图书馆的馆藏不仅包括各类载体的本地数字信息资源，还包括大量网上的虚拟数字信息资源。互联网的真正价值就在于可以通过四通八达的信息高速公路快速传递信息资源,它彻底地改变了传统的信息提供和获取方式，将分散于不同载体、不同地理位置的信息资源以数字方式存储起来，并通过网络相互连接，实现了真正的信息资源共享，用户可以根据自己的需要，自由地访问那些适合自己的信息资源，极大地增加他们信息资源的拥有量，进而提高了整个社会的信息获取能力。网络化图书馆的建设，打破了传统图书馆的封闭服务理念。通过局域网、中国教育、科研计算机网和因特网互联，实现网上各种数据库资源的共享。通过网络资源的共享，图书馆的服务范围不断扩展，形成服务的无区域化。无论国内还是国际，这种变化趋势的进程都在加快。目前大多数图书馆已经同因特网联网。这种变化的最终目标是摆脱图书馆仅为特定用户群体服务的思想束缚，向社会开放，开展多种形式、多种渠道的信息服务，满足社会对信息的需求，更好地为社会各界服务，形成"大图书馆服务于大社会"的理念。

（四）服务方式的多元化

网络环境下，数字文献的服务实现了网络化，用户可以通过信息网络同时进行访问、检索和下载，如利用数据库开展定题服务、课题查新或追溯服务等都是数字图书馆为用户提供服务的重要方式。图书馆在网上发布各种文献资源的消息，不断地向用户提供所需要的信息和知识，用户可以在任何一个地方通过终端以联网的方式查找所需要的信息。数字信息的检索技术不再单纯地采用传统图书馆中惯用的关键词及其逻辑组合的方式，而且可以通过智能式人机交互方式来检索信息。图书馆利用互联网上的虚拟信息开展信息服务，主要包括利用互联网上的各类网站和搜索引擎按学科或专题建立网上学科导航站或学科指引库，并存放于某一网页，引导用户浏览或检索相关信息；利用互联网上的各类网站和搜索引擎按学科或专题搜集、下载、筛选、分析、重组、整合以建立专题数据库，然后向特定的用户提供服务。用户可以通过自己的语言不断地与系统进行交互，逐步缩小搜索目标，获取自己所需要的文献资料。

（五）服务管理的人性化

图书馆管理上的人性化转变，即图书馆在注重信息服务的同时，开始注重人文环境的建设。信息服务方面，在提供传统图书借阅服务的同时，重点加强网络建设，突破图书馆的时空限制，延长服务时间，拓展服务空间，为各类用户获取信息提供快捷、方便的服务；加强信息的收集、加工、组织，提高网络馆藏信息的数量和质量，为用户提供充分、有价值的信息资源。人文环境建设方面，图书馆应有效利用数字化和网络化技术，缩小图书馆的馆藏空间，相对扩大用户的学习空间，创建舒适的学习环境，提供资料检索、查找、复印、装订等自助式快捷服务，同时建立用户同图书馆的有机联系，使用户特别是学生离不开图书馆。

（六）服务态度的主动化

服务是图书馆的基本宗旨，是图书馆的核心功能。网络环境下图书馆的服务已经由传统的被动型服务向主动型服务转变，这种转变已经发展成为现代图书馆的主要特征之一。这种转变趋势主要表现在以下三个方面：一是图书馆的服务方式由信息储藏向信息加工和传递转变，使图书馆成为用户获取最新信息和知识的来源；二是主动为科研服务，使图书馆成为国内外新学科、新领域、新课题、新动态、新技术成果的跟踪者和信息提供者，发挥信息的时效性，为用户特别是科研人员提供及时、准确的服务；三是主动参与市场竞争。图书馆发挥自身的信息优势，改变被动服务方式，树立市场观念，主动参与市场竞争，根据市场需求，为社会各部门提供各种信息服务。

（七）印刷文献与电子文献并存

带光盘图书现已成为许多图书馆在阅览和外借时需要探索的用户服务新问题，一些图书馆已在实践中总结了一些好的做法，如外借时带盘书单独处理等。北大方正较为妥善地解决了图书电子版的知识产权后，其所提供的数以万计的图书正在逐渐成为一些图书馆的服务内容。上海图书馆在"读书月"

中开展了主题为"引领网络环境下的学习"的系列活动，其中就包括方正 3 万册电子图书的网上借阅服务。在一周时间内，即吸引了上百万的点击率，2 500 张电子图书码数天之内便登记一空，表现出广大用户对电子图书的热情。这反映出在现代图书馆服务中文献载体中，印刷型与电子型各具优势、并驾齐驱。

（八）阵地服务与网络服务并重

在服务传统阵地的同时，几乎稍有规模的图书馆都有了自己的网页，清华大学、上海图书馆、中山图书馆等都先后开展了网络参考咨询工作，国家图书馆和上海图书馆的网上文献传递工作也与日俱增。网络已经成为现代图书馆生长着的有机体中的一个不可或缺的组成部分，它连接着被认为是图书馆的三大要素的藏书用户和工作人员，从而使网络服务与传统的阵地服务互为补充、等量齐观，表现出其无限的生命力。

（九）突破时间和空间的限制

服务时间的限制、服务空间的限制一直是用户服务不能实现方便用户的跨越式发展的两大障碍。而借助于信息技术的支撑，图书馆已可以向用户提供 24 小时的"全天候"服务；服务的触角也已延伸至全国及世界各个国家和地区。用户与图书馆员之间从来没有像今天这样"天涯若比邻"，虽远隔千山万水，但如同近在咫尺，即时的咨询问答等服务方式使远距离的感觉不复存在。人们将可以通过图书馆来实现这样的服务愿景：任何用户，在任何时间，任何地点，都可以利用任何馆藏，并与任何参考馆员联系进行他所希望的个性服务。

（十）资源无限带来服务无限

当数字化的技术将传统介质的文献转化为数字信息，在网络通信技术的帮助下使全世界各图书馆，以及其他机构的数字信息连为一体时，人们真正感受到了资源的无限广博以及由此而产生的图书馆用户服务空间的无限广阔。一些馆藏并不丰富但善于利用社会各类信息资源的图书馆在近年来做出了惊人的成就，使传统对馆藏数量及建筑面积的追求开始改变，资源共享的理念更加深入人心。

（十一）功能拓展带来服务延伸

当代图书馆的发展在其原有的文献典藏、知识交流、文化教育及智力开发功能的基础上，其终身学校、文化中心、信息枢纽的功能开始显现，虽然这些功能与原有的功能可能有重合的部分，但这些功能却显示出强大的生命力，使图书馆的用户服务不断得到延伸，服务空间不断得到拓展，服务平台不断得到扩大。以讲座为例，国家图书馆的部级领导干部历史文化讲座、上海图书馆大型宏观信息讲座等都是将服务的触角延伸向了社会，在发挥图书馆作为市民的终身学校方面显示出了其勃勃生机。

（十二）个性化服务的需求越来越突出

网络技术的发展为自助性的用户服务提供了许多的途径和服务内容，而在这样的服务过程中，用户的自主性得到尊重，个性化得到满足。当上海图书馆庆祝新馆开馆五周年与上海有线电视台共同推出"把我的图书馆送入千家万户"的服务时，这种个性化的服务正逐渐成为图书馆界追求的服务新理念。

（十三）便捷服务的要求越来越高

方便快捷是广大用户对图书馆服务的基本要求。信息化时代最重要的就是速度。为用户节约时间已成为一种服务理念，如有的图书馆提出了为用户的限时服务，尽可能缩短用户在借阅中的等候时间。许多图书馆向用户主动提供了个性化的、快速的、高质量的、标准化和规范化的服务，特别是在第一时间提供了最新的各类文献和信息；同时，在用户导引、空间布局、文献提供网上咨询等图书馆服务的每一个环节和业务中体现出了效率与质量。

第二章 现代图书馆用户服务理念创新

第一节 现代图书馆服务理念

所谓"图书馆服务理念"就是服务的自身定位问题，也即为谁服务和怎样服务的问题。图书馆服务理念是图书馆主体在图书馆工作实践中，从图书馆产出的服务出发，对一系列图书馆问题所形成的总体看法。图书馆服务理念的第一特征是鲜明的选择性，在现实条件下，图书馆成了图书馆服务产品的提供者，广大用户成为图书馆服务产品的利用者和消费者，他们有权选择图书馆服务。图书馆服务的选择性蕴含着竞争。因此，作为文献信息服务提供者的图书馆，在用户自由选择利用图书馆的竞争机制下，必须努力提高服务质量和品位，为社会提供优质的服务以满足用户的需要。图书馆服务理念的另一特征就是层次性，针对用户不同层次的"消费需求"，图书馆必须区别对待，分层服务。现代图书馆应该具备以下服务理念。

一、用户第一的理念

在图书馆服务中，要把"为一切用户服务""一切为了用户""满足用户的一切合理需求"作为图书馆服务工作的出发点和归宿。图书馆的社会价值是从满足用户需求中体现出来。一个图书馆办得好不好，其办馆效益、社会价值如何，主要以用户对图书馆的认识去衡量，要看他们对利用图书馆的希望程度，对服务项目和服务标准的信誉程度，对服务人员素质和服务水平的满意程度，对服务效果的认可程度。

图书馆工作以用户为主导，并在三个方面给予充分体现：一是用户对文献信息，即馆藏文献信息是否符合用户需要，馆藏的信息、知识量度及内容价值必须由用户作出判断；二是用户对图书馆员，即馆员的服务态度、服务能力、服务效果必须由用户来鉴定；三是用户对图书馆工作，即图书馆的各项业务建设、制度规章、服务项目及设施是否反映用户利益与要求，必须由用户加以评价。"用户至上，服务第一"的表述与商业市场提出的"顾客至上"或"顾客是上帝"没有本质的区别。可以说，用户既是"上帝"，又是"主人翁"。为此，国内外许多图书馆将"用户至上，服务第一"作为馆训。为充分体现这一指导思想，图书馆采取成立用户工作委员会实施对图书馆工作的具体指导；定期向用户汇报工作，出版图书馆工作年报，如实反映取得的成绩和存在的问题，接受全社会监督；推行义工制，邀请有兴趣的用户义务协助图书馆工作等。

二、重视服务成果的理念

服务作为智力劳动必然要产生成果。重视服务成果的观念对于强化服务的目的性非常重要，具有两层意思。一是不仅把服务作为一个图书馆工作过程，更重要在于把它当作一个目的。既然是目的就要看重服务成果，这种成果包括服务活动中的工作成果和开发文献信息产品的成果。为此，服务工作自始至终都要具有需求观念，要经常性开展调查研究，并建立长期的反馈系统，不断提高服务及工作质量，争取获得最大的效益。而图书馆服务工作人员也务必改变"守门人"终日流于上班下班，不求效益、不思进取的状态。二是要重视服务成果而不异化服务成果。对图书馆服务成果要正确分析、对待，它是一个潜移默化的过程，有一定量的局限，不可能立竿见影，一般都由量变到质变。所谓异化用户的劳动成果就是将依靠用户自身的努力、创造所取得的成就都归结于图书馆的服务，图书馆往往对此广为宣传，并向用户颁发"读书成果奖""读书贡献奖"等。目前，有一些图书馆为显示自己的服务成果，一些用户为获取殊荣及在图书馆得到相应的服务优惠条件，彼此需要的"双向动力"似乎使此项活动异常火热。对服务成果的异化，也是对用户劳动成果的异化，应属"打假"之列，切不可作为提高图书馆社会价值的举措。重视服务成果必须树立科学、务实精神，以长期不懈的努力，从优质而具体的工作成果和特色而有效的信息产品成果所产生的社会效益和经济效益中显示出来。

三、竞争的理念

服务产品具有相互替代性，图书馆服务也具有一定的替代性，它与社会其他服务活动关系密切，彼此间相互补充，从而形成了一种竞争。

当今图书馆的生存条件面临着重大挑战，人们可以不出家门利用网络图书馆来获取各类信息，还可以通过网上书店购买书刊。在所有竞争对手中，网络对图书馆的冲击最为明显。网络仿佛是一个庞大的图书馆，随时向人们提供无所不包的信息，只要家里拥有一台连通网络的电脑，就可以跨时空、跨地域地漫游信息世界。网络的发展势必削弱人们对图书馆的依赖程度。同时，面对开放式的环境，用户与网络之间是一种人机对话交流形式，没有传统图书馆服务形式中一些人为负面因素的影响，既能较好地满足用户迅速获得文献信息的需求，还能节约人们往返图书馆的时间、交通费用等这些边际成本。

大众传媒及信息网络的发展对图书馆构成冲击的同时也提供了动力和机遇。纵观精神文化的求乐、求美、求知的总体功能，图书馆作为社会求知的知识载体将永远在精神文化中处于龙头地位，并且求乐、求美功能日益显现。阅读渗透于生活的每个角落，成为其他文化服务不可替代的形式。

四、特色服务的理念

在科技、经济、教育迅速发展，社会需求日益多样化的环境下，扩大规模，全面出击，并非图书馆发展的最佳出路。相反，盲目的外延式发展有可能使图书馆在将来陷入进退两难的境地。企业界曾有许多深刻的经验教训，一味的产业扩张使企业难以生存，而特色产品和服务却往往能够在竞争中占据优势。因此，现代图书馆没有必要去追求自身规模的大而全，而应树立特色服务的理念，充分利用网络和图书馆资源的优势，开展特色服务，使之在激烈的社会竞争中求生存、求发展。

特色服务的形式呈现出多样化格局的同时，不难看出特色服务具有以下共同特点。一是适应社会公众的需要，特色服务项目的设立充分考虑了社会公众的需求程度和地区环境的特点，因而具有强大的生命力和深厚的社会基础，这是搞好特色服务的先决条件。二是具有专题馆藏资源的优势，图书馆的特色服务必须建立在文献资源特色化的基础上，并以此构成用户服务的基础，为取得较好的服务效果铺平道路。失去了这一优势，特色服务只是一种奢望和空谈。三是采用现代化的服务手段，特色服务显示出现代化的服务特征。例如，在文献载体上，由单一的印刷型书刊转变为书刊、音像制品、电子出版物、数字文献等多种载体；服务方法上，由单纯的借书还书转变为文献的采集、流通辅导、咨询及情报信息服务于一体的新模式；在服务手段上，已不完全依靠手工操作，而是借助于计算机和网络技术进行文献信息的管理开发和利用。

五、协作服务的理念

图书馆协作服务的目的在于提高服务能力与水平，使服务形式更加灵活多样，服务内容更加丰富全面。图书馆协作的组织形式是成立各种各样的图书馆服务联盟。鉴于信息网络已经成为全球化格局，各图书馆在协作架构中怎样去组织、加工各种传统文献信息资源并有效地利用网络资源是服务工作中不可忽视的问题。图书馆的协作服务实践要在各馆之间通过充分协调，从用户需求出发，选择关系全局、用户受益比较大的项目进行。除了确定图书馆的资源建设方向外，还要解决为用户提供什么信息的问题。书目信息是图书馆开展服务、组织文献资源流通的基本手段，是文献信息资源"共建共享"的基础，应当优先集中力量做好文献信息资源管理工作，因为知识不仅靠积累，更重要的是靠检索。

图书馆协作服务应该包括社会团体及用户群，只有把图书馆融入社会，并从中有效地汲取和利用智力资源、物质资源等，才能互相服务，彼此信任，形成良性互动。协作与竞争是对立的统一，为了共同的利益开展协作，从协作中显示自身的实力就是竞争；而竞争又是为了共同的利益，更好地提高图书馆的协作水平。

六、3A 新理念

对于广大用户较低层次的文献信息需求，图书馆传统的服务模式和方式已基本可以使其得到满足。然而，如何满足广大用户较高层次的文献信息需求，还有很大的研究空间，其中与知识创新相关的文献信息需求，以及与审美、教学、认知相关的文献信息需求极为迫切。于是一种崭新的用户服务理念——"3A 理念"——便应运而生。所谓"3A 理念"，就是无论用户在什么时间、什么地方、通过何种方式，都能得到图书馆便捷高效的文献信息服务。要使这个理念变为现实，有赖于"虚""实"两个用户服务系统作为依托。

所谓"虚"，就是基于网络的虚拟用户服务系统或称虚拟参考咨询服务系统。目前，有一些高校图书馆网站已经建成了"网上（虚拟）参考咨询台"，使用户可以随时随地与各位参考咨询馆员通过电子邮件或电话取得联系，获得各种与文献信息检索相关的指导和帮助，可以随时随地利用"常见问题解答"得到有关问题的答案，通过"网上参考工具书"查阅网上免费的在线词典、百科全书、地图集，通过"学习中心"学习、掌握各种电子资源的使用方法。

所谓"实"，就是基于流通、阅览、声像等业务部门，以及遍布各个部门的实体参考咨询台。

"虚""实"结合，使图书馆服务的时间、空间从有限变为无限，服务方式也由比较单一趋向多元化。

第二节　现代图书馆用户服务分析

用户在图书馆的生存发展中有着决定性的作用，为用户服务是图书馆工作的起点与归宿，因此要提高图书馆服务工作的质量，就必须将服务建立在用户满意的基础上，通过分析用户的需求和权益，结合图书馆用户服务特点提供有针对的服务。

一、现代图书馆用户的需求

图书馆作为信息服务机构，应满足用户的信息需求，实现用户满意度的最大化。

（一）人类的总体需求和信息需求

人类在自然和社会环境中生存发展总是具有一定的需求。著名的心理学家马斯洛进一步将人的总体需求划分为五个层次：生理需求、安全需求、社交需求、尊敬（自尊和受他人尊敬）需求、自我实现需求。并指出这五个层次的需求是由低到高递进的，随着低层次的需求得到满足，高层次需求的强度就会增大，最后自我实现的需求强度达到最大，这就是马斯洛的"需求层次理论"。

如果人们要使上述需求得到满足，必然要采取各种行动，行动之前和过程之中离不开各种相关信息的指引。具体来说，信息是通过引发用户思维、改变用户知识结构、帮助用户决策来指导用户进行各种创造活动的。因此，人的总体需求衍生出了人对相关信息的需求。

随着社会生产力的不断提高、经济的发展和技术的进步，人的总体需求呈现出不断扩大的趋势，在马斯洛的前四种需求不断被满足的情况下，人们更加强烈地追求"自我实现"这一高层次的自我需求。人们在一般的物质生活方面的需求得到满足以后，往往开始寻求在职业工作方面自我发展和完善，相应地，便会产生"自我实现"的信息需求。

综合各种信息需求研究理论，国内的一些学者认为人的信息需求主要包含三个方面：生活信息需求、职业工作信息需求、社会化中的信息需求。

首先是生活信息需求。主要包括物质生活的信息需求、精神和文化生活的信息需求、个人安全的信息需求、劳动和其他社会工作的信息需求、社会交往与互助的信息需求、适应社会的信息需求、增长知识的信息需求、创造活动的信息需求、实现某种生活目标的信息需求、产生某种兴趣的信息需求。人类为了生存必然要进行物质资料生产活动，从而建立两方面的关系。一方面表现为人与自然的关系；另一方面表现为人与人之间的关系。由此可见，人的生活信息需求也体现在改造自然过程中的需求和适应社会的需求两个方面。

其次是职业工作信息需求。社会是一个整体，存在着各种职业分工。由于职业不同，人们在各自的工作中自然产生不同职业的信息需求。一般来说，任何一种职业，其职业信息需求均可以归纳为以下一些基本方面：职业工作环境方面的信息需求，职业工作业务素质方面的信息需求，职业工作物质条件方面的信息需求，职业工作社会关系方面的信息需求，职业工作业务环节的信息需求，职业工作目标方面的信息需求，职业工作技能与知识方面的信息需求。

最后是社会化中的信息需求。人的社会化是指人对社会的适应、改造和再适应、再改造的复杂过程。社会化使"自然人"发展成为"社会人"。人在社会化过程中的不同阶段存在不同的信息需求，但一般来说，可以概括为六个基本方面：基本生活和劳动技能方面的信息需求，社会生活目的、社会观与价值观的信息需求，社会的自然环境信息需求，认识社会地位与职业的信息，社会行为规范、纪律、法制等方面的信息需求，所有与之交往的社会其他成员的信息。

（二）图书馆用户的信息需求

1. 图书馆用户的信息需求特点

图书馆用户作为人类群体中的一部分必然具有上述的人类三种基本信息需求，同时由于他们是图书馆这一信息服务机构的使用者，其信息需求必然受图书馆服务模式的影响和制约，从而具有以下几个方面的特点。

第一，个性化。随着信息资源的逐步网络化，信息用户被笼罩在巨大的信息网络之中，并由此具备了充分的获取信息的能力。在计算机技术发展日趋个性化、私人化的今天，用户可以从事个人研究与爱好，从而使得一部分用户的需求趋向专深和特殊，对信息的需求更加具有针对性和个性化。

第二，多层次性。随着科学技术的发展，信息资源的激增，学科的交叉渗透与综合化、整体化越来越强，用户对信息的需求往往是多方面的，既有动态的，也有回溯的；既有本地的、国内的，又有异地的、国外的；既有生产、科学研究的需要，又有社会、娱乐方面的需要，表现出明显的多层次性。

第三，及时性。信息技术的发展为信息用户带来了全球范围的通信空间、信息查询空间和信息发布空间，网上电子杂志、电子报纸、数据库早在它们的印刷版进入图书馆时，就可以在因特网上找到了。因此，用户的信息观念发生了变化，信息用户的需求正日益从完备充分向及时精确的信息转变。

第四，系统性。网络环境下，用户获取信息不再受地域、空间的限制，资源共享技术利用计算机、通讯和网络技术为依托对信息资源进行存储，检索与传递、可以迅速地实现国际信息共享，在这样的前提下使用信息资料，用户都希望尽可能全面系统地得到自己需要的信息。

第五，用户信息需求的持续变化性。用户信息需求不仅随用户的知识结构变化而改变，而且随着社会环境的变迁而改变。在现代文献信息服务环境中，一部分用户已从原来的用户类型中分离出来，组成新的用户类型，产生了与过去截然不同的信息需求，而原有的用户也随着其社会行为的改变不断产生新的信息需求。

2. 图书馆用户信息需求的影响因素

影响图书馆用户对信息需求的因素大体上可分为个体因素和环境因素。

（1）个体因素

个体因素包括以下四个方面。

① 用户的个人兴趣和特点。用户个人兴趣、爱好、志向和工作习惯的差异，会使其信息需求产生较大的不同。比如，爱好文学的用户与爱好艺术的用户，其关注的信息内容会存在一定的差别。

② 用户的职业与工作任务。用户的职业和工作任务是决定他们信息需求的主要因素。用户的职业不同、所承担的任务不同，其行动目标、目的就会不同，其所关注的信息内容和范围也会有差异。如研究型用户和应用型用户所关注的信息类型就有较大不同。

③ 用户的个人信息素质。用户的个人信息素质时刻影响着用户的信息需求，不断提高用户的信息素质与利用信息系统的能力，有助于他们将更多的潜在信息需求转变为正式信息需求，继而转化为对信息服务的需求。

④ 用户的教育程度和知识水平。这一点从不同职称的科技人员利用学术期刊的情况得以反映。例如，高级人员利用高级学术刊物较多，并对动态性期刊和国际性期刊关注更多；中级人员比较注意利用译丛；初级人员利用普

及刊物比例较大。这表明用户所需信息的数量和质量与学术水平、知识水平相适应。

（2）环境因素

环境因素包括社会环境因素和自然环境因素两个方面。

社会环境因素中，制度、教育、经济、科技水平都是产生重要影响的因素。

① 制度因素包括正式制度和非正式制度。政治制度、国家法律都属于正式制度，而社会道德、宗教信仰、风俗习惯则属于非正式制度。不论是正式制度还是非正式制度，它们都会对人的行为进行规范和制约，进而影响人的信息需求。比如国家的法律决定国家机器的运行机制是社会规范和行为方面信息需求的依据。法制健全意味着社会规范化程度高，其信息需求必然全面而科学；法制不健全，其信息需求将处于混乱状态。从社会信息化角度看，发展教育是提高社会信息利用效率的关键。

② 在教育水平高的社会中，人们需要接受更多的知识，这强化了信息的敏感性与需求的迫切性，教育还决定了社会的信息利用能力。

③ 社会经济因素主要指社会经济体制、经济发达程度与发展潜力。信息利用程度与社会经济条件相适应，经济条件不仅影响着信息需求的类型，而且决定了需求水平和满足度。比如，在具有大规模证券市场的国家，人们比较关心证券投资相关的信息；而在没有证券市场的国家，人们便没有这方面的信息需求。

④ 科技发展水平是衡量社会发展水平的标志之一，科技发展方向、科研结构、基础研究和应用研究的发展，决定了社会对科学信息需求的类型、内容和结构，影响着国内对国外科学信息的接受与利用。

不同的自然资源对社会生产力具有不同的影响，进而会对社会产业结构形成制约，从而导致产业信息需求的差异。在自然环境因素中，自然资源状况、地理位置等也会间接影响人们的信息需求。例如，中东国家石油资源丰富，在社会发展的一定阶段形成了以石油工业为主体的国民经济发展模式。这些国家为了加强石油开采技术、工艺的研究，必然对矿业、石油化工等方面存在大量的信息需求。

（三）图书馆用户的教育需求

1. 图书馆用户教育的必要性

（1）有利于使更多的潜在用户成为当前用户

用户教育有助于将社会中潜在用户变成图书馆的当前用户。提高图书馆利用率最快途径和最有效的方法是使潜在用户变为当前用户。只有激起社会大众的读书热情，向他们宣传图书馆，使更多的人成为图书馆的用户，图书馆事业才能进入良性循环。

（2）有利于文献信息资源的开发利用

向用户提供文献，是图书馆的重要工作之一，但不是图书馆的全部工作。图书馆对馆藏文献的深度开发，如开展专题服务编制文摘、索引，撰写综述、评论并提供给用户，在现代社会更能凸显图书馆的价值。通过用户教育可以让用户充分了解图书馆所具有的功能、服务项目，使图书馆在社会中发挥更大的作用。

（3）有利于用户与图书馆之间的沟通

用户教育是建立用户和图书馆沟通桥梁的一种有效方式。对当前用户来说，用户对图书馆的了解越多，利用越主动，阅读兴趣越广泛，文献需求越多样，反过来会促进图书馆服务方式的多样化、服务领域的扩展、服务效益的提高。建立在良好的沟通方式基础之上的图书馆用户教育必定会对图书馆用户工作产生深远的积极的影响。

（4）有利于培养高素质的人才

为了培养高素质的人才，建立世界先进水平的一流大学是必要的。图书馆作为培养高素质人才的一个重要阵地，如果只利用少数的大学来承担全民教育的任务是远远不够的。图书馆的用户教育，可以提高用户获取信息、处理信息、利用信息、信息交流的能力，使用户达到对信息进行开发应用的效果。

2. 现代图书馆用户教育的途径

（1）发放宣传手册

宣传手册是宣传图书馆、了解图书馆、利用图书馆所不可或缺的工具。向用户发放宣传手册，可以让用户了解图书馆，宣传图书馆各种信息服务手段，指导用户使用各种检索工具和各种检索方法获取信息。宣传活动的形式有馆内宣传和馆外宣传。馆内宣传包括编制宣传栏、印制和发放各种宣传资料等。馆外宣传是在用户比较密集的地区开展某一相关主题活动，如有的图书馆在公共场所举办"全民读书月""服务宣传周"等活动。这些都是宣传图书馆、扩大图书馆知名度的好办法。

（2）授课

这种形式多见于高校图书馆，有固定的教学场所与教学人员与学分。它是一种比较正规和系统地接受图书馆学专业知识、获取文献信息检索技能和方法、提高用户信息素养的形式。通过授课，能帮助用户系统掌握各类型文献信息资源的使用方法；帮助用户获得检索书目文献的技巧、信息和有关指示，学会使用复杂的检索技巧；帮助他们选择最合适的检索工具；指导他们正确评价与利用所发现的信息。授课内容主要包括文献检索与利用、电子资源检索与利用，以及其他课程，如图书馆散论、数字图书馆基础知识、科技文献检索、社科文献检索、电子文献检索与利用、网上信息检索与评价、工具书使用方法、信息存取原理与技术、因特网教育、信息素质教程。

（3）专题讲座

通过开设专题讲座的方式，可以让更多用户了解和利用图书馆的电子资源，帮助用户学会运用现代化手段获取知识信息。图书馆可以定期或不定期地选择一些用户感兴趣的与信息资源有关的专题，由本馆相关的资深馆员或邀请馆外的信息专家给用户举办讲座，例如，关于某一专业信息的检索、电子信息资源的检索和利用等。专题讲座是我国高校图书馆用户教育最经常采用的方式之一。图书馆面向用户举办的讲座涉及很多方面，包括学术、资源利用、阅读、治学、修身、健康等方面。

（4）培训班

图书馆定期或不定期举办各种形式的培训班、特训班、短训班，邀请有关专家讲授信息基础知识、检索知识和现代信息技术等有助于提高用户信息素质，让用户能在较短时间学习到比较系统的内容，是一种针对性较强的方式。培训班讲授内容包括资源介绍、信息检索方法和途径、技术方法的利用等。有的图书馆把培训资料全部公布在网上供用户随时浏览；有的培训班根据用户的知识背景分别安排不同的内容。目前，有些高校图书馆的培训班开展得很好，基本上每学期都有固定的日程安排，并在网上公布用户培训日程表，图书馆安排专人负责培训工作。培训多采取讲解与实际操作相结合的方式，一人一机，除教师讲解、演示外，用户还有一定的上机时间，用户在获取理论知识的基础上，进行实际操作，锻炼实践技能。培训班有助于帮助用户更快地了解图书馆的信息资源与服务，熟练掌握各种文献信息资源的检索和利用方法。

（5）个别辅导

这是一种针对性较强的教育方式，一般针对教师用户和研究生用户开展。根据具体需要，用户可以提前与相关负责用户教育的馆员预约，馆员则针对用户的具体情况实施辅导；或者是用户在进行课题研究等过程中与馆员长期保持一种协作关系，用户在遇到与图书馆资源相关的问题时可直接向馆员寻求帮助。

（6）常见问题解答

常见问题解答（FAQ）提供的是用户可以自学的关于如何利用图书馆和图书馆资源的材料。通常来说，用户更喜欢内容丰富、分类明确而又具有查找功能的 FAQ 设置。图书馆根据以往经验，总结出用户经常提到的关于利用图书馆资源方面的问题，把这些常见问题的解决方法公布在图书馆网页上，用户在遇到问题时可以通过自学 FAQ 得到及时解答。将经常遇到的问题集合在一起，不但方便用户的利用，而且把馆员从不断解答相似问题的烦琐工作中解脱出来。

（7）网络培训

图书馆网上用户教育主要通过设立专门的教育网站、制作多媒体课件、利用学校的网络教学平台等进行。网络环境下，用户教育方式不断推陈出新，很多图书馆开始尝试利用互联网技术、多媒体技术进行远距离的虚拟课堂教育。一是网上教育可以充分发挥互联网的开放性、交互性等特点，使图书馆用户培训不再受到时间、地点的限制，使有学习欲望的人都可以得到培训，并且可以解决目前教学点有限、集中教育困难等现实问题。二是用户可以根据需要定制自己的学习内容，安排学习进度，选择学习方式，自主性较强。三是网上培训技术允许测试和跟踪学员的进度，符合当前用户的学习需求。因此，发展网络教学是历史之必然。

3. 网络环境下用户教育的发展举措

数字技术的不断发展和推广、用户环境的变化都为改变高校图书馆各种信息服务提供了可能性。未来数字环境的特点之一就是以用户为中心、用户驱动和围绕用户信息服务的过程。作为图书馆信息用户服务的一个主要项目——用户教育，也面临着同样的变革，这种变革的力量促使图书馆必须根据新的情况和用户需求重新制定自己的方针，开展更具深入性和灵活性的用户教育活动，更新自身的教育理念和教育手段。

（1）加强潜在用户教育，提高用户信息素质

网络环境下高校图书馆用户不仅包括本校学生、教职员工，还包括大量的网络用户，他们都是高校图书馆用户教育的实施对象。在网络环境下，高校图书馆只有吸引尽可能多的用户才能提高自身生存的能力。因此，高校图书馆在推行本校用户教育的同时，也应该加强对网络用户和社区用户的教育，把培养和提高网络用户的信息素质作为增强高校图书馆生命力的重要途径之一。对于社区用户，针对其人员结构复杂、文化水平参差不齐等特点，高校图书馆应尽可能走近他们，多开展一些宣传活动，通过各种方式提高他们的信息素质。总之，要针对特定的用户群体，组织具体的教育内容，采用适当的教育方式，达到既提高了用户信息素质，又促进了高校图书馆自身生存和发展的双赢目的。

（2）引入信息素质教育标准，完善用户教育内容体系

如今高校图书馆的用户教育已经从最初的以利用图书馆、突出情报意识和情报检索技能为目的深化到以培养和提高用户全面的信息素质为目的。因此，高校图书馆必须重构用户教育的内容，围绕信息意识、信息知识、信息能力和信息道德四个方面构建用户教育新的内容体系。大数据时代的到来，使用户的数据素养成为查询、获取、管理、利用数据的关键。图书馆的用户教育内容也应与时俱进，积极开展数据素养教学，提高用户的数据意识、数据知识、数据能力和数据伦理道德素养。

（3）建立多元化的用户教育模式

一直以来，我国开展高校图书馆用户教育最主要的途径是开设文献检索

课。虽然国外高校没有我国高校文献检索课这一教育模式，但其多元化的信息素质培训模式却是可以借鉴的，如开展图书馆利用教育、专业课与特定用户教育和个体化用户教育等。在网络环境下，只重视文献检索课的用户教育模式已经不能满足新环境下高校图书馆用户教育的目的和需要，高校图书馆要把培养和提高用户信息素质作为用户教育的目的。因此，高校图书馆要改变这种现状，建立起一种以网络为依托的、互相结合、相互促进、相得益彰的多元化信息用户教育新体系，通过正式课程与非正式课程相结合、用户教育与专业教育相结合、改革文献检索课、普及多媒体教学、充分利用网络优势进行教学改革等来实现用户教育模式的改变。

（4）建立长久的合作、共享机制

目前，图书馆的发展模式可概括为三句话，即合作是"金"、共享是"银"、网络为"王"。由此可见，合作与共享是图书馆发展的必然趋势，也是增强我国图书馆界整体实力和提高图书馆服务效益的现实需要。这种合作主要体现在以下几个方面。① 建立系统内的合作、共享机制。系统（如高校系统）的合作是促进用户教育的有效途径，在信息资源共建共享的基础上，加强各图书馆之间在用户教育领域的交流与合作，共同推进高校图书馆用户教育的发展。② 校园范围内通力合作。校园范围内的合作是有效的用户教育出路，馆员是用户教育的主力军，但与其他课程的结合需要学科教师的支持，建立基于新技术的教学方法也需要技术人员的支持。因此，图书馆与学科教师和技术人员之间的通力合作将是培养学生信息素养能力的有效途径之一。建立用户间的合作，用户是教育的接收者，又是教学信息的反馈者，与用户间的交流合作非常重要。

（5）增强用户教育的师资力量

用户教育的师资队伍是高校图书馆用户教育得以有效开展的重要条件，

教师是用户教育的具体实施者，教师的素质直接关系到教学水平和人才培养的质量。要培养一支专兼结合、学科馆员与专业教师结合的高素质师资队伍，不但要求教师有过硬的图书情报知识，还要完善他们现有的知识结构，提高信息业务水平。师资力量的完善措施包括以下几种。① 建立专门的用户教育教研室，成立专门的用户教育机构。② 合理调整师资队伍结构。我国高校图书馆用户教育的师资队伍是专兼职结合的队伍，而且是兼职教师所占的比例大于专职教师。这种比例极不妥善，应进行调整和优化，使师资队伍结构趋于合理。③ 加强师资培训，师资培训可从自学、参加培训班、参加学术会议、在职进修，以及学历、学位深造等途径着手。④ 倡导团队精神，教师队伍建设还应大力提倡团队精神，依靠集体的力量共同奋斗，开创用户教育的新局面。

二、现代图书馆用户服务方式

（一）现代图书馆用户情景感知

情境感知就是通过传感器采集、感知被服务对象的情境信息，根据情境信息分析判断被服务对象当前的状况，然后选择并提供适当的业务服务。情境感知技术对于用户体验设计一个更加重要的方向是所谓的"主动服务设计"，自适应地改变，特别在用户界面的改变，为用户提供推送式服务。

图书馆实现在恰当的时间提供恰当的服务，首先要对所服务用户进行定位，明确用户类型，确定特定用户在不同情境下的不同需求。最大限度的感知可能与用户兴趣相关的信息。情境感知系统通过无线网络与感应装置，随时随地地取得用户的各种情境信息，并能立即提供回馈，无间断地协助辅导。泛在知识环境下，情境感知可以使图书馆的服务真实地融入用户的学习环境中，减少用户与系统的交互，让用户沉浸在学习中。图书馆根据用户的情境信息判断用户当前所需服务，并预测用户将来可能的服务需求，来动态地调整、调用或者是重新组合图书馆的服务，这样才能真正实现服务的灵活性和个性化。

1. 获取用户情境

情境信息可以分为静态情境数据（如个人信息、兴趣爱好、社会关系等）和动态情境数据（如浏览行为，环境因素，设备状况等）。静态情境数据相对来说比较容易获取。图书馆要科学地设计用户注册表单，这是获取用户静态情境数据的最直接最有效途径。表单的设计影响用户的填写态度和意愿。表单一定要简洁但功能完备，引导用户将自己的个人基本信息及兴趣偏好全面地反映出来。表单中除了姓名、性别、年龄、学历、兴趣爱好等基本信息外，还应包括就读或者毕业院校、研究方向、科研情况、习惯性获取信息的途径。如果是教师，应注明所授课程、参考用书、学生数量、学时等信息。表单中要设定用户的必填项目，这些项目如果没有属性赋值，用户将无法提交表单。用户在首次登录时，完整的填写好注册表单，门户网站具有记录功能，能够从用户的注册信息中获取静态的情境数据建立用户档案。当然图书馆要有必要的安全机制来保证在情境感知系统中用户个人信息的安全性，只有这样才能消除用户的顾虑，才能确保所得信息的真实性和参考价值。

情境信息的获取可以通过两种途径，第一种是直接在物体上嵌入一定感知、计算和通信能力，使物体成为功能性物体。当用户靠近这些功能物体时，系统通过传感器和微处理器来感知并分析相关的情境。第二种途径是为环境中的物体添加可以被计算机自动识别的条码、红外线或 RFID 标签。这些功能强大且精确的设备，加上无所不在的无线网络，以及适合情境感知的通信技术共同促进了用户与环境之间的交流。物理传感器可以获得用户的位置信息，光线、噪声等环境信息，以及设备参数，并通过蓝牙、Wi-Fi、超宽频等传输到用户服务端，通过分析和处理系统形成对用户行为和需求的理解和认识，知道用户是谁，要做什么，他想如何做，同时使得用户终端能够识别环境。随着 RFID 技术的发展，标签的成本将越来越低，也将越来越轻便，而且存储能力会越来越大。这一系列的优势使 RFID 标签在未来的情境感知网络中可能取代条形码，而成为新一代物体识别的关键技术。

用户登录图书馆情境感知门户网，系统将自动详细的记录用户的浏览行为，包括浏览路径、节点、超链接、在某一主题驻留的时间。这些记录为情境感知提供了重要依据，从其中能够提取出用户的兴趣、信息需求、研究领域、关系群体等重要信息。这些浏览日志将与用户的注册表单一起形成用户的情境记录，并存储在情境数据库中。用户每次登录，系统将监测用户的网络通道，设备配置等信息，建立用户的环境档案。获取用户的位置、语音、手势、身体姿势等情境信息，记录用户的信息请求，结合过去情境（情境数据库中保存的情境信息）和当前情境分析用户的信息行为和服务需求。如果用户当下的情境信息无法获取，那就要通过从情境数据库中调用与用户相关的情境数据，如个人兴趣、浏览日志、关系档案等，从中提取相关的情境作为该用户的默认情境值。关系档案能够反映出用户接触较多的伙伴，通过合作伙伴的日历档案分析，了解其中与用户相关的事件，从而推测出当前用户的情境。

用户输入请求信息后，系统将搜索满足条件的资源，并根据用户的情境信息对资源筛选和重组，最后以相关度由高到低的顺序将过滤后的结果以最优的方式提交到用户检索界面。到此一次基于情境感知的检索服务结束。如果用户就此退出系统，那么他的这次服务请求将存储到情境数据库中，又丰富了用户的过去情境。

2. 情境信息的选取

情境感知就好比是用来修饰一个名词的形容词，只有当这些形容词数量足够，并且很贴切的时候，才使被修饰的这个名词具有越来越高的专指性。同样的道理，对于情境信息的选取也很关键，只有一些精而准的要素才能精确地描绘出用户的需求特征，图书馆才能有的放矢的提供真正意义上的个性化服务。具体应包括以下信息。

① 用户基本信息：这是对用户身份的最基本鉴别，应包括年龄、性别、职业、专业、学历、兴趣爱好、研究领域等。

② 用户的信息行为：用户阅读、浏览、检索等信息行为是能反映出他们的兴趣爱好、信息习惯、服务需求，图书馆系统应获取并记录这些信息行为，以便生成用户的派生情境。

③ 关系档案：记录用户工作、学习、研究中的合作伙伴。关系档案在情境推理中经常可以相互调用，来预测用户的服务需求。

④ 环境信息：包括用户所处的位置、时间、天气状况、温度、湿度、噪声、光线、路况信息等，也包括所在地区的民俗、法律法规等。其中的位置信息可以指空间位置，也可以指具体的地理位置，如某个小区的某幢大楼。位置信息还可以间接的体现用户和其伙伴是否同处一处。

⑤ 计算实体：设备配置、设备状态、软件性能、网络通道、信号强度、带宽、IP 地址、计算存储能力等。

⑥ 实时状态：用户情绪，速度、加速度、日程、通讯录、事件等。根据用户的日程，位置等实时信息，平台可以自适应地配置系统的运行模式。以适应用户当前状态的网络连接方式，输入输出方式来为用户提供恰当的服务。

3. 情境数据的处理

通过传感器获得的情境数据往往都是模糊的，其中包含一部分多余和无用的信息，甚至有些可能是相互矛盾或错误的信息。而且情境信息来自于不同的传感器，数据格式和规范存在差异，这就给数据的共享和互操作带来的阻碍。图书馆要通过一定的情境感知手段对用户情境信息进行转换和融合，使之成为管理系统能够理解的、规范化的情境信息。

4. 图书馆对用户的移动情境感知

（1）移动设备感知用户情境

移动设备通过内置的各种传感器，如定位导航系统、光感传感器、角度传感器、噪声传感器等来获取用户的位置等方面重要的情境信息。移动设备本身的一些系统数据，如联系人名录、通讯记录、工作表等也是与用户活动相关的重要情境。移动设备除了通过传感元件直接监测到用户相关情境外，用户对移动设备的操作记录也有重要的参考价值。移动设备能对获取到的情境数据存储记录中的异构情境数据进行规范，并依据一定的规则对数据进行分析处理从而得到更深层次的情境信息。智能化手机在情境感知方面的探索更为典型，各品牌的智能手机研发都有一个重要的着眼点，就是以用户最少的操作实现最具个性化的、最完善的服务。手机将获取到的用户的即时情境，如地点、场景、时间、情绪等信息，结合手机系统中储备的用户的过去情境（如操作习惯、阅读习惯、专业、工作性质等），主动地提供有针对性的、合适的服务。例如，用户想去离自己最近的图书馆借阅。手机的情境感知系统自动感知用户的当前位置、时间等信息，通过GPS 快速定位距离用户较近的图书馆列表。系统内会发生一个过滤的机制：① 会根据用户提出需求的时间结合图书馆的开馆时间进行匹配；② 根据用户的年龄、专业、工作等特点来筛选图书馆（有些专业性很强，或者特殊的服务群体如少儿图书馆，医学图书馆等可能因为匹配度低而被排除）；③ 同时系统会结合用户以往的习惯，例如，经常选择哪类的图书馆等方面的情境，通过这一系列的筛选，手机系统最终会把符合条件的图书馆列表以匹配度从高到低的顺序呈现到用户界面。

在情境感知方面移动设备的实质性优势也是很突出的：携带方便、不受空间位置的局限、对情境感知的时差小、时效性强、信息输入输出便捷等。随着技术的不断进步，移动设备存储能力、数据处理能力，以及传感器集成性都在不断地增强，图书馆应该充分挖掘移动设备在用户情境感知方面的潜力，建立以移动感知为主的用户情境感知机制。图书馆应该尝试将用户工作表、课程表等内容融入到服务中来。用户电脑中的工作行程安排、课程安排等内容可以通过数据线的连接同步到智能手机或其他移动设备中，并可实现相互间的数据更新。通过这些信息，移动设备对用户的时间安排就有个比较准确和及时的掌握。工作表中可能显示某个时间段用户在某个房间有会议，移动设备可以自动设定响铃提示。当然类似的服务需要用户自愿选择，当用户没有拒绝相应服务时，系统将启动默认服务模式。另外，在会议时段智能手机将无需用户手动操作，将自动切换到静音模式，并在有来电的情况下自动调用系统中预存的相应的短消息予以回复。

（2）图书馆移动情境感知的自适应机制

自适应机制是通过传感器检测到用户环境情境的变化，动态地调整系统的模式，并根据预置的规则调用相应的服务。自适应机制的一个重要程序是制定自适应规则，并将规则存储到规则库中。规则明确了获取到的用户情境与自适应服务程序之间的调用关系。这些关系由一系列的条件语句组成，当满足条件时触发服务功能。自适应规则的定制还应以不增加用户操作负担为前提，让用户在自然的状态下接受服务。有时为了获得某些特定的服务，用户必须进行一定的工作，但这与最终获得的服务内容和服务方式的满意度对用户的吸引力来对比，这些工作甚至可以忽略。对于首次使用的自适应功能的用户，系统会弹出对话框，提示用户选择是否接受此项自适应服务。如果用户选择接受，且在以后的使用中经常会用到相关功能，则系统会结合使用频率为用户设定一些默认功能，并不再需要用户确认该项服务。自适应机制中用户的反馈也很重要，反馈信息作为规则库新增、剔除、改动的重要依据。图书馆应逐步形成和完善服务调用规则库，不断地更新规则库使其尽可能准确地与用户需求相契合。图书馆的自适应机制是系统与用户之间的一个交互过程。用户根据自己的爱好可以预定一些功能，存储到规则库中，条件满足时候，服务自动调用。系统的自适应功能，也需要在用户确认之后才能施行。而且这种交互在不断的反馈调整，调整反馈的过程中，不断地寻求平衡点。

（二）现代图书馆用户角色量化

对于以用户为中心的图书馆来说，用户角色量化适用于对大规模用户日志信息的处理，它基于用户行为模式对用户群体类别做出划分。其数据来源、分析方法、表示方法，以及整个创建过程都具备了客观性，角色的划分不会因为人为原因而产生不同的结果。

由于表示方法的量化使得角色更具灵活性和适应性，当用户行为发生改变时，角色量化系统可根据特征值的改变实现动态调整，不像传统的描述型角色模型，需要重新获取用户特征数据，重新创建角色。此外，由于聚类等量化分析方法的使用，能够计算和处理大规模数据，使得角色的创建更为高效。

行为模式是从大量实际行为中概括出来的，作为行为的理论抽象、基本框架或标准。它反映了用户为完成任务而在行为上表现出的规律性，据此可根据用户已有行为预测其未来可能的行为。各群集的行为模式由最终聚类中心的行为特征及其权重组成。显著行为特征在很大程度上决定了群集之间行为模式的差别。某些特征常常同时出现在一个或几个群集中，他们之间存在一定的相关性，这类特征可以共同帮助用户完成某一项任务。

对于泛在图书馆的个性化推荐服务来说，用户角色量化基于同类用户群体间互相学习的行为模式而创建，作为计算机可理解的用户模式，它能够参与大规模计算，可被动态调用，根据用户模仿或学习同类群体行为模式的特点，为用户推荐其所属角色喜爱的系统资源与服务。

用户角色量化是基于用户行为模式而对用户类别做出的划分，当有新用户访问系统时，根据其对系统的最初访问行为，提取行为特征，采用相似度计算等方法，判断其所属的用户角色类别，然后将此类角色偏好的资源或系统功能推荐给该用户，这样新用户可以参考同类型用户群体的典型行为，尽快达成其目标。

将人物角色中的显著行为特征还原为系统功能或资源，由于系统功能或资源是通过 URL 来定位的，最终要将行为特征还原为其抽取来源的 URL，作为系统功能或资源的引用形式推荐给用户。当把行为特征还原为其抽取来源的 URL 时，发现一种行为特征可能对应多种 URL，并且其中少数几种 URL 频次非常高。由于出现频次最高的 URL 是用户使用最频繁的功能或资源，因此要将行为特征还原为最高频 URL。基于角色进行个性化推荐的实际过程如下：首先输入用户 ID 从新用户日志集合中检索出某一用户的行为日志；然后计算新用户与角色的相似度，将最相似的角色及其显著行为特征输出；最后根据显著特征还原为 URL，为用户推荐相应的资源与服务。

三、现代图书馆用户服务特点

（一）图书馆用户服务的开放性

由于技术等条件的限制，传统图书馆的用户服务具有相对封闭的特点，而网络环境下图书馆的用户服务则是开放性的。网络环境下图书馆开展用户服务的技术支持主要依靠计算机及其网络技术，而计算机及网络技术特别强调开放性与标准化，包括计算机硬件与软件两个方面。开放性是标准化的出发点与最终目的，标准化又是开放性得以实现的具体载体，也就是说，开放性要通过各种标准来实现。因特网形成与发展的历史在一定程度上也是有关网络的各种协议建立与成熟的过程,例如,ISO 的网络互连七层协议、TCP/IP 协议等。之所以把因特网称为国际互联网或网际网,一个最主要原因在于因特网是由多个单一计算机所组成的、按照同样的标准协议互联在一起的个覆盖全球的开放性的计算机网络,只要遵循同样的协议标准,任何计算机或局域网络都可以与之对接成为其庞大体系中的一个端点。因此,在新的历史条件下,依托于开放性网络的图书馆,其用户服务的发展方向也应该是开放性的,这是计算机与网络技术发展的必然结果。网络环境下的图书馆用户服务不再局限于某地区、某一部门或某一团体,而是网络延伸到哪里,图书馆的服务区域就拓展到哪里,其边界不断扩大并相对模糊。

网络环境下图书馆的发展方向将是建立超大规模、可扩展、可互操作的分布式海量数字化信息资源库群,使庞杂、分散的网络资源有序化,使封闭、静止的馆藏资源公开化,使自身馆藏不再局限于本馆物理所藏,全球网络上所有图书馆的信息资源都可以看作是本馆的资源。图书馆的服务从而将不再受时间、空间的制约,从传统的一馆一舍走向全开放的社会,开展社会化的信息开发、组织、提供等系统性活动,达到与用户之间的沟通和交流更为直接具体,信息资源能够得到更广泛利用的目的,从而使得由封闭藏书楼演变而来的图书馆在新的条件下真正成为"没有围墙的大学"。

(二)图书馆用户服务的主动性

信息服务业由传统信息服务业和电子信息服务业两部分组成。图书馆是信息服务业的一个重要组成部分,它属于传统信息服务业。在信息量过度膨胀、快速流通和相互连接的网络环境下,计算机网络系统正在打破各种原有的经济、社会、政治、文化等方面的屏障,它在对一切既有的行为方式、制度规范、思维方式、价值观念带来大的冲击和震荡的同时,也在迅速地催生出与之相适应的新的行为方式、制度规范、思维方式、价值观念等。在这场变革中,图书馆的外部存在条件发生了巨大变化:多种现代化信息系统频频出现，各种网络公司、情报公司像雨后春笋般涌现。由于网络信息资源的易用性，以及一些新兴信息服务商可直接向用户提供检索、传递等信息服务，使得信息服务行业日益呈现出多元化的格局。

信息用户在图书馆之外有了更多的信息源选择。这些以纯商业化运作的新兴信息服务公司可能比传统的图书馆更富有吸引力，它的服务设施可能更先进，服务手段更灵活更多样，服务功能更齐全。面临这样的形势，图书馆如果不调整方向，主动出击，而维持现状，故步自封的话，就有可能被充满竞争激烈的社会淘汰。

因此，网络环境下的图书馆用户服务模式从总体上要求的是主动出击，广泛挖掘社会信息需求，积极开展用户开发活动，以使潜在的用户转换化为实际的用户，并进一步使用户的隐性需求转变为显性需求。

（三）图书馆用户服务的集成性

网络环境下图书馆用户服务的集成性，是指图书馆为了方便用户利用其各类数字化资源，充分利用各种智能化技术对其不同类型、不同特点的数字化资源进行整合，实现信息资源、信息技术、信息内容的集成。

图书馆用户服务的集成能够使网络环境下图书馆的公共用户界面变得简单、友好，用户能利用同一检索表达式对图书馆的各种数字化资源进行同步检索，通过查询，一次性地获得从印刷型到电子型的各种原文信息。这些文献通过指定的方式，如邮寄、传真、电子邮件等借助馆际互借尽快送达到用户手中，集咨询功能、文献检索功能和文献提供功能于一体，这些功能的完成来源于一个功能强大的、集成化的信息服务平台，包括统一的信息访问平台和网上参考咨询平台。

网络信息资源的丰富多彩加上不同的特定数字资源体系，使得图书馆信息资源体系呈现为一个集成系统，其中分布着多样化的、异构的信息资源子系统，这些异构的信息资源子系统往往在不同型号的服务器上使用不同的操作系统和数据库平台，因而其检索系统也不同。为此，建立统一的信息访问平台成为非常现实的需要，统一信息访问平台主要解决异构平台的信息资源检索，向用户提供方便检索的统一界面。提供不同图书馆的互借操作，使用户不必分别进入不同数据库进行检索，让用户以最快的速度，查找到自己所需的原文献。

网上参考咨询平台也是集成信息服务平台的一个重要组成部分，主要包括：在网上对各个信息数据库如何查找，操作步骤等作介绍、说明，汇总用户的常见问题等；利用专家系统技术，增强与用户的交互功能，解答用户问题。"坐堂"学科专家，网上回答用户问题系统，如美国国会图书馆邀请一批专家，网上公布他们的联络办法，有组织地用电子邮件等工具为用户解答各种问题。目前正在发展成为一种实时的咨询系统，如使用 Call Center、Net Meeting 等工具，在网上"面对面"的进行咨询，利用对话、文字等形式，咨询人员可以看到用户网上联机检索时的疑问和问题，甚至在不中断其检索的情况下，帮助、指导用户解决问题。利用集成信息服务时，用户端面对着的是"一步到位"式的计算机界面，而后台则是靠各种高新技术支撑起来的、整体化的信息资源保障体系。

（四）图书馆用户服务的个性化

个性化服务是相对于图书馆普遍的群体服务而言的，是传统图书馆定题服务、重点用户服务在网络环境下的深化，是鉴于对图书馆用户信息使用的习惯、偏好、特点、研究课题和研究方向，向用户提供满足其独特需求的一种针对性服务，是图书馆等信息服务业向纵深发展的方向和重要内容。个性化服务目前主要采取以下几种方式。

1. 定制

定制信息服务是运用先进的信息技术，如算法技术，通过获取用户个人信息，了解和推测用户的需求，从而为用户提供特定的信息服务，提高用户满意度。同时通过与用户的直接或间接沟通，改善与用户的关系，增加用户的忠诚度。

在个性化定制信息服务中，用户可以根据自己的兴趣和需要选择信息。定制的内容包括资源、界面和服务三大类。其中定制的资源是指用户感兴趣的资源类型，例如，针对数字图书馆的信息，人们可以选择常用的数据库、电子期刊、相关网站、搜索引擎、专业词表等参考信息源。定制界面包括界面颜色、图标、布局等。定制服务中用户可以选择自己需要的服务，如将自己比较困惑的问题和解决方法汇集在一起生成 FAQ 服务，设定电子邮件提醒服务，以便系统自动将感兴趣的信息发送到自己的 E-mail 信箱中；同时，可以在个性化页面中选定本专业的咨询专家，以便随时获得专家帮助。

个性化定制信息服务流程如下。首先，用户在系统中注册，登记个人信息，并可以进行相应内容定制。其次，系统将用户定制内容生成用户档案，存入用户信息库；如果用户没有进行内容定制，系统可以跟踪用户行为，分析其偏好，并将有关信息存入用户信息库。然后，系统根据用户信息库进行信息处理，提供用户需要的个性化的网页等。最后，用户可以对获得的信息进行评价，系统再对反馈信息进行分析，调整用户信息库内容。

2. 代理

用户在检索信息时，有时很难清楚地知道自己的兴趣爱好和需求，或者用户知道自己的兴趣和需求，但却不知道如何贴切地表达出来，分类定制的方法让用户填写兴趣表单有时会有不知所措的感觉，信息代理是指图书馆等信息部门充分发挥其在信息收集、整理、分析，以及人员、设备等方面的优势，为用户代理各项信息事务。

智能代理技术是一种能够完成委托任务的智能计算机系统，能模仿人的行为执行一定的任务，不需要或很少需要用户的干预和指导。智能代理通过跟踪用户在信息空间中的活动，自动捕捉用户的兴趣爱好，主动搜索可能引起用户兴趣的信息并提供给用户。智能代理一般由两层智能体结构组成：第一层是用户代理，一般置于用户端计算机上；第二层是系统代理，放在图书馆内部的服务上。在实现服务时，用户代理跟踪用户行为，自动获取用户访问某一网站节点的时间、次数、总页数、所使用的关键词或主题词等信息，学习、记忆用户兴趣，通过描述用户的兴趣特征来建立个性化用户模型。系统代理则将个性化信息从全局信息空间中分离出来，构建个性化信息模型，同时它还与用户代理进行后台交互，并通过网络实现用户代理与网络的链接。

智能代理的主要功能有：个性化的信息管理代理库，管理用户个人资料；信息自动通知；浏览导航，通过分析用户的兴趣，提供建议性的页面和链接；智能搜索，进行信息过滤，为用户提供更精准的信息；动态个性化页面，给用户提供一个适宜的友好的浏览界面。信息代理的内容可以包括经常性和临时性的业务，它是一种连续的信息服务，能够使信息服务机构长期地积累相关信息，便于把信息服务做得越来越好。

3. 拉（Pull）和推（Push）信息推送技术

"拉"技术是用户通过浏览器向服务器发出服务请求。服务器在所拥有的信息资源中进行查询处理，把处理结果传回浏览器用户。"推"技术就是服务器根据事先规定的设置文件，主动从网上搜寻信息，经过筛选、分类、排序，按照用户的特点要求主动向用户推送信息的技术。它是一个基于网络环境的高度专门化、智能化的网络专题信息服务系统。利用信息推拉技术建立的服务方式有：自动拉出；频道式推送；自动推送；邮件式推送；网页推送；专用式推送。

4. 呼叫中心

呼叫中心服务是基于计算机电话集成（FCTI）技术，充分利用通信网和计算机网的多功能集成的、一对一交互式的用户服务系统。其最突出的特点是图书馆要能够全天候地为进入系统的用户提供智能化的咨询服务，对于用户来说，可以随时随地通过各种通信下段获得信息或解决问题。

（五）图书馆用户服务的用户驱动性

网络环境下的用户驱动有两个含义：一是以用户为中心的服务理念；二是以用户为主导的自助服务。

在自助式的服务中，用户不仅处于中心位置，还占据主导地位。自助式服务强调的是用户的主观能动作用，用户的专业素养、检索能力和分析能力起着至关重要的作用。通俗地讲，就是"用户自己为自己服务"，用户的主动性强，参与程度高，服务策略和服务内容的针对性强。用户在服务者搭建的平台上自助服务，因而服务进行中对服务者的特定服务需求少。图书馆信息人员在用户自助服务中只需进行幕后与前期服务，培养用户掌握"能找什么、怎样去找"的内在规律，而不是教给他们找到什么，注重帮助用户提高检索效率，发掘潜在信息，协助用户处理好信息。自助式服务在网络当中应用十分广泛，如公告板服务（BBS）、远程登录服务（Telnet）、文件传输服务、网上聊天服务。

开展自助服务要求加强两方面的工作：一是保证图书馆系统的易用性、智能性；二是提高用户自助服务的能力。图书馆系统的易用性、智能性是自我服务的保证，只有在简单易行的服务平台上，用户自助服务才能实现。从这个意义上说，自助服务是与用户服务的集成性、智能性等相联系的。用户信息能力的提高是自助服务的基础，用户只有具备一定的信息检索、获取能力，才能在图书馆提供的平台自己动手，达到目的。

开展自助服务后，图书馆员即时服务中的事务性服务内容大幅减少，而智力性、技术性服务则会更为深入。自助服务不仅减轻了图书馆员的部分工作负担，使之有精力从事高层次研究，更重要的是，在自助服务过程中，有助于用户发现自己的潜在需求，也有利于其潜能的发挥。

用户调查表明，很多用户尤其是层次较高的用户，如教师、科研人员，都是在检索过程中了解学术发展趋势，寻找学科生长点，筛选所需资料，从而确立研究项目。检索的过程就是思考的过程、文献取舍的过程，检索方式常常是随意的、发散的。

另外，用户服务也要考虑用户的隐私问题，有些用户在利用图书馆的过程中，并不想让服务人员过多地参与其本人对某些问题的检索，这其中可能有研究课题保密性要求的原因，也可能有个人方面的原因。这部分用户对图书情报人员的要求是尽可能地提供检索工具、分析检索入门，以便尽快找到所需资料。

四、现代图书馆用户权益

（一）平等权

图书馆的用户平等权是指用户主体，无论是一般主体还是特殊主体，在利用图书馆时均享有平等权利。图书馆用户权益最显著的特点就是公平性，即任何公民不论其性别、年龄、民族、家庭出身、社会地位、财产状况受教育程度、宗教信仰、职业种类和性质，以及居住的地点、年限等，在法律上均享有平等一致的权利。

1. 信息利用的平等权

所有用户对图书馆的馆藏资源享有同等的使用权利（除国家政策和法律限制的之外），对于一个人、一个地区、一个民族、一个国家而言，获得知识、信息上的平等权是十分重要的，它直接关系到个人的发展和民族的兴衰。目前，有的图书馆按用户类型或层次划分阅览室，或对不同类型的文献按用户对象区别对待，或在借阅数量和收费标准上制定差异，这些都是违反信息平等权的原则与要求的。区分服务作为图书馆用户服务的一个惯例，似乎得到公认，然而仔细分析起来，尚存在不少问题。例如，高校图书馆按教师和学生的利用差异而建立起来的教师阅览室（往往是样本阅览室），是广大学生无权涉足的禁区，使高校图书馆最广泛的用户的利益受到损害，在一定程度上会影响人才的发展，这种做法是值得商榷的。

2. 图书馆建筑和设施使用的平等权

在图书馆建筑设计上应体现男女平等，强势群体与弱势群体的平等，一般主体和特殊主体的平等。例如，在图书馆道路的设计上，应建设残疾人通道；在卫生间的设施上，要考虑特殊群体的需要。图书馆的公共设施应对所有用户开放，不能设置人为障碍、施行区别性政策。

3. 参与管理的平等权

在管理上，用户和馆员是平等的，都是管理者，又都是被管理者。馆员既是管理者也是被管理者，用户在被馆员管理的同时，有权对馆员管理中存在的问题提出意见或建议，对图书馆管理中存在的不足提出批评或进行监督。因此，图书馆在规章制度的制定上，应用导引性的提示性的和情感性的规章语言，替代硬性的、命令性的、训诫性的语言；在藏书排架、阅览布局、服务设施的设置上，应多考虑用户的方便性，而不是管理的方便性等。

（二）知情权

图书馆用户知情权，是指图书馆用户有获得与他有关的情报信息的权利。信息公开是保障用户知情权的基础，没有信息公开，用户知情权就会落空。在现代社会，随着权力的多元化和社会化，信息公开的主体已不限于国家政府，许多非政府组织，包括企业、事业组织，多元化的社会团体，都掌握着一定的社会资源和信息，从而也就有了可以支配他人的社会权力。它们对其内部成员和与其利益相关的外部社会成员，也有应予公开的社会公共事务。图书馆作为社会的文化教育机构，掌握着大量的文献信息和社会资源，这些情报信息有依法决定是否公开、公开哪些和何时公开的自由裁量权利，但这种自由裁量权利是由法律来规定的。图书馆是一个开放性的体系，应向所有用户公开其收藏的文献信息资源，应当向用户公开开放时间、入馆须知、藏书布局、办事程序借阅手续、借阅数量、借阅时限、违规处罚等信息。图书馆有义务接受来自用户的各种询问，并就相关问题与请求予以答复或解释，直至用户满意。图书馆制定的与用户有关的规章制度，应征求或听取用户的意见和建议，对有关专业文献和数据库的采访，应事先向有关专家或学者进行咨询，听取他们的意见或建议，这既可以减少工作的失误，又可以落实用户的知情权和监督权。

（三）用户隐私权

所谓隐私，又称个人隐私或私生活秘密，是一种与公共利益、群体利益无关，当事人不愿他人知道或他人不便知道的信息、个人私事或个人领域。隐私权是人格权的一种。《中华人民共和国民法典》明确规定，自然人享有隐私权。任何组织或个人不得以试探、侵扰、泄露公开等方式侵害他人的隐私权。隐私的范围包括私密空间、私密活动、私密信息。在私法权利体系中，隐私权是以隐私为客体的权利。图书馆作为社会的文化教育机构，是用户终身学习的场所，用户有自由选择文献资源的权利，进行自由阅读的权利，获得个人隐私保密和人格尊严不受损害的权利。大多数用户的借阅目的，与他的年龄、学历、专业、兴趣、爱好、志向、人生观、价值观，及所处的生理、心理状态有关。有的以书为师，解决疑难，寻求答案；有的以书为乐，通过阅读娱乐，获得身心教益；有的以书为伴，寄托个人的内心情感，消除内心的忧虑；有的以书为鉴，寻求人生的哲理，探索世界的未知。所以，不同的阅读目的和不同的阅读倾向里包含着用户的隐私。

图书馆用户隐私保护应包括以下几个方面的内容。① 用户个人信息。如个人的姓名年龄、身份、借书证、身份证、通信信息（电话号码、电子邮件）、学历。② 用户个人领域。如个人兴趣、爱好、健康状况、经济状况、社会关系、政治背景。③ 用户个人私事。如婚姻状况、读书笔记电子邮件、阅读行为、借阅或复印过的书刊，检索或浏览、下载过的网页。这些个人隐私，都应受到图书馆的保护，不得被侵犯。

（四）用户信用权

图书馆信用涉及道德、法律、管理、服务等几个层面，是由图书馆制度信用、管理信用、服务信用和用户信用构成的。《中华人民共和国民法典》规定民事主体可以依法查询自己的信用评价，发现信用评价不当的，有权提出异议并请求采取更正、删除等必要措施。

同样，图书馆用户也有权要求图书馆客观如实地记录其利用图书馆的行为，有权要求修改与事实不符的信息利用信息，以保护自身的信用权益。用户信用是图书馆信用不可缺少的组成部分。图书馆用户在使用图书馆等社会公共信息资源时所表现出来的道德修养、文明程度、信息行为、信息品质及遵纪守法状况，在一定程度上反映了用户的社会信用、法律信用、信息利用信用等真实状况。图书馆的用户信用是用户在图书馆活动中的各种信用情况记录，像金融机构可以根据当事人借贷、还贷等情况，建立还贷记录档案；工商行政管理部门根据当事人资信情况，可以建立资信档案一样，图书馆也可以根据用户借还书情况，阅读情况，文明礼貌、团结友爱情况，以及有否偷书、撕剪、罚款及罚款的执行情况等，建立用户信息利用的档案。例如，如果某个用户借了书，不能在规定的期限里归还，让书闲置着，造成其他需要该书的用户无法利用，这种信息"独占"行为，在某种程度上影响着他人的利益，如果长期这样，就应当把这种不良信息行为记入用户信息档案。对图书馆购置或租用的网络数据库，如用户利用时进行大批量地恶意下载，有违知识产权保护协议，就会造成代理服务器被数据库商停用，给其他用户的使用造成损失。

另外，随着馆际互借和文献传递服务工作的开展，用户能否按照申请提交的要求，履行自身的职责，是否能够及时交纳相应费用，是否存在不经图书馆员同意，对处于传递途中的文献随意停止申请，或没有正当理由，就对传递文献的相应费用进行拒付，就应记入用户的信息信用档案。通过信用管理，可以降低图书馆信息流动的无序现象，降低信息流动的不确定性，确保大多数用户利益的实现，也为图书馆诚信服务的开展提供保障。

（五）用户消费权

我国图书馆，特别是公共图书馆，作为公共的、开放的知识组织与服务设施，是国家出资兴办的文化教育机构，其经费来自社会纳税人，是国家对税收的重新分配，其实质是对消费者支付方式的转移。另外，现在大多数图书馆普遍采用年审借书证的制度，用户每年要支付一定的服务费，在一定程度上用户也为图书馆的运作支付了部分费用。所以，图书馆用户具有消费者的特征，图书馆的服务应符合《中华人民共和国消费者权益保护法》的要求，保障用户自由选择服务的权利，了解服务内容和监督服务价格的权利，监督服务费用支出和检查媒介质量的权利，人身、财产安全不受损害的权利等。

第三节　现代图书馆服务理念创新

服务理念不仅可以指导服务创新实践，还可以获得用户的积极反馈，进而可以不断完善与创新服务理念。作为我国公共文化体系的一部分，图书馆服务的创新需要理念的创新来进行指导。服务理念的创新是一切创新服务项目开展的思想来源，通过实施创新理念，使广大用户享受优质而高效的借阅服务及富有乐趣与内涵的服务活动。

一、图书馆服务理念创新的必要性

（一）信息社会图书馆面临众多挑战

人类社会进入信息时代，社会信息服务机构的大量出现，打破了图书馆单一提供信息服务的局面，人们获取信息的途径和方式有了多种选择。人们不仅可以享受丰富多彩的广播、电视节目，还可以不出家门利用网上图书馆获取各类信息，甚至通过网络书店购买书刊。同时，各种搜索引擎相继出现，改变了人们获取信息的方式，人们可通过搜索引擎查找所需要的信息，如利用 Google、百度等就可免费获取网上各类信息。上述种种现实表明，图书馆要适应信息时代社会发展的要求，必须加强图书馆的建设，树立新的服务理念。图书馆服务是一种有着丰富内容和重要意义的工作，是图书馆工作的重要组成部分，是图书馆工作最终价值的体现，是图书馆工作的出发点和最终目的。总之，要满足用户的需要，图书馆界应进一步探索图书馆服务工作的规律和特点，创新图书馆服务新理念，真正使图书馆服务工作迈上新台阶。

（二）顺应社会发展要求

从社会发展的总体要求来看，图书馆必须进行服务理念创新。进入 21 世纪以来，信息技术的日新月异，使得知识交流、传播、创造模式发生了颠覆性的变革，网络资源成为用户获取信息的首选，信息用户将可以跨过传统图书馆直接获取信息，在应对挑战和顺应信息化潮流的过程中，图书馆必须通过解放思想和开拓创新来不断实现自身的科学发展。由于服务是图书馆的生命线，理念是一切行为的基础和先导，图书馆只有创新服务理念，在服务中凸显其竞争优势，才能适应时代发展的需要。

二、图书馆服务理念创新的实质

图书馆服务理念创新，是通过更新观念，使图书馆人员主动为信息用户提供信息服务，是以提高服务质量为标准的更新和创新，创新的实质是"一切为了用户"的推陈出新，主要体现在其服务内容的丰富和完善。信息时代，知识更新速度加快，为用户提供的信息内容只有具备"快""新"

"精""细"的要求，才能称得上真正意义上的服务创新。因此，图书馆必须深化信息服务内容，充分挖掘馆藏实体资源和虚拟网络资源的内在价值，传统与现代互为促进，满足不同层次的用户需求，这是图书馆服务理念创新的实质内容。

三、图书馆服务理念创新内容

（一）"广度"与"深度"并重

1. 拓展服务内涵与范围

服务内涵多样化主要指当今图书馆不仅能满足用户基本的借阅服务，还为用户提供了更加具有趣味性与公益性的活动形式。相对传统服务内容单一与静态化的表现形式，现代图书馆服务更加多元化与个性化，服务内容与形式也更加专业化与高端化。

延伸服务范围指图书馆从让用户走近图书馆到图书馆走近用户，从固有的阵地服务转变为流动服务，从固有的图书馆室内服务转移到其他人群集中。在这些地方建立流通站和自助图书馆，提供便利的借阅服务。在延伸空间的同时还需延伸时间，设立 24 小时自助图书馆，延长开馆闭馆时间，节假日、休息日照常开放服务。组织送书下乡，图书漂流和交换服务，拓展图书馆生长空间，使图书馆更贴近于基层群众。

先进的服务理念是服务创新的基础，服务创新依赖于先进理念的引领。在保证基础服务顺利有效运行的前提下，积极创新延伸服务内涵，根据我国社会发展状态和复杂多变的用户需求，更新服务观念，深化服务手段，努力实现服务内容和方式的转变。让图书馆走向用户，从人找书转向书找人，从阵地为中心服务到图书馆流动服务、送书下乡服务、残疾用户送书上门服务等。保持服务理念的先进性并积极扩大图书馆的开放程度，让图书馆融入用户生活圈，保证馆藏文献是用户实践的永久性物质基础前提下，提高服务效率，保持服务超越网络科技上的无可取代的优势，建设一个以服务为主要概念的图书馆时代。

2. 打造品牌服务

依据每个地方用户特有需求，不同地区图书馆可以打造自己的品牌服务，营造品牌文化，建立自己的地方特色创新服务。让用户参与到图书馆发展建设之中，市民用户参与也是图书馆服务创新的重要驱动力之一，关心用户的精神文化诉求，获取用户当前和潜在的信息，可以降低服务中的不确定性，完善用户自身体验，让服务的结果满足用户需求，提高用户的满意度。例如，山东图书馆艺术类特色阅览室、杭州图书馆的文脉微澜、南京图书馆"陶风采"服务等都是极具特色的品牌服务。

"陶风采"服务是南京图书馆为了推进南京公共图书馆服务现代化项目，在多单位共同参与下，充分发挥图书馆公共职能，优化用户阅读效率，提高民众参与度的一项重大决策。此项目从立项到实施和服务历时一年时间，南京图书馆先后两次组队到内蒙古学习借鉴该馆"彩云服务"，形成调研报告，再经过馆领导集体开会讨论，由分管领导总负责，采编部、技术部、用户服务等各部门参与，经过三个月系统开发与测试，完成三家书店的系统测试与工作人员业务培训。2016年，南京图书馆联合南京新华书店旗舰店新街口店、南京凤凰国际书城，共同推出"陶风采"——你选书我买单签约即惠风书堂开业仪式。

借助用户驱动采购方式，南京图书馆将部分图书采购权下放给用户，把传统的借阅服务外接于书店，实现公共文化与用户需求的对接，体现了以人们的最根本文化诉求为起点，缩短图书上架流通时间，让用户第一时间可以读到新书。图书馆书籍上架流通跟用户需求的直接对接，也满足了用户的个性化、及时性需求。同时，图书馆为了用户可以借阅到新的书籍，提高活动项目的开展价值，也为了避免图书资源的浪费，对用户可以采购的图书进行了一定"陶风采"服务将图书采访与借书流程前移至书店，由书店工作人员为用户完成图书借购手续，系统同时自动将书籍基本信息和用户借阅信息上传到系统之中，从而完成采访和借书信息，实现了快速购阅，提高了服务效率。当用户将购借的图书通过图书馆设立的自助借还设备还回书籍后，系统将自动提醒图书馆工作人员将书籍的资产信息补录并关联到数据库中，将书籍贴加标签后正式进入馆藏流通。

南京图书馆"陶风采"活动充分体现了公众参与的服务理念，对公共图书馆服务创新起到了模范作用。"陶风采"活动突出了供需理念，以群众需求为出发点，减少了中间环节，建立了公共文化服务需求表达机制，落实了服务与需求的对接。南京图书馆对传统的采、分、编、藏、阅业务进行了颠覆性的再造，使用户图书馆文献的接受者转变为了参与者，真正实现了以用户为中心的理念，也是随着社会需求不断变化的服务创新举措。

（二）"经济与文化"协调发展

1. 坚持科学发展

发展图书馆事业，必须要有科学的发展理念作支撑，为群众提供不同的服务。一般来说，经济发展与文化发展是衡量社会文明程度的重要指标，近几年来我国的图书馆事业在国家政策的指引领导下得到了快速发展，取得了辉煌的成果。各地区政府依据当地居民文化诉求，在国家顶层文化方针政策指导下，加大对图书馆财政支持，扩建改造旧有空间与设备，购买文献资源，投资举办富有文化内涵的服务活动，推动公共图书馆事业发展。

图书馆是为用户提供知识文化服务的重要场所，同时也为中小企业提供信息咨询，为群众提供生活培训项目，已经成为社会大众不可缺少的生活方式之一。图书馆事业发展应遵循三个原理：一是要与经济发展水平相适应；二是与科学教育文化事业同步发展；三是要适应广大人民群众的阅读需求。用户需求是图书馆发展的根本动力，服务用户是图书馆的终极目的，要本着以人为本的理念发展壮大图书馆事业，图书馆是人类社会一种不断发展壮大且永不消逝的人类精神文明圣地。图书馆科学的发展理念要以国家文化政策为指导方针，以经济水平为资金根基，增强图书馆事业发展，使三者协同发展，让经济与文化发展同步。有价值、有创造性的科学服务观可以满足用户的需求，不仅为用户带来"有所得"之后的愉悦心情，还应该为用户提供在所需基础上创造超出其无法预料的服务，为用户带来幸福预期，也就意味着要命中用户的潜在需求。社会前进的脚步不曾停歇，用户需求也在不断变化，因此坚持科学发展理念，不断对其进行创新优化，让发展理念在实践中得到检验，通过实践反馈的信息来进行理念的完善。

2. 建设地方特色文化

图书馆职能不仅是为用户提供借阅服务，还有着保管人类文化遗产，传承人类在实践中取得成果、文明及知识等，特别是针对国家经典文化，如今人们缺少对古诗词、戏曲等国粹文化的认知。地方出版物是一个地区政治经济文化发展的重要载体，开展地方特色与传承国家文化的开发与实践，可以说是图书馆界理论与实践完美结合一股清泉，它将诵读阐释经典与评价优质图书相结合，为用户带来的富有意义的阅读服务价值，不仅让用户可以感受传统古典文化的韵味，体会古色古香的经典情怀，还可以推选出当今新出版的、最符合大众喜爱的、具有文化内涵与品位的现代书籍，古今结合，让用户充分跨越时光长河去品读不同时光的文化价值。

第三章 以用户为中心的图书馆新型服务体系构建

第一节 图书馆用户生态服务系统的构建

近年来，学者们逐渐将生态位理论引入到图书馆学领域的研究中。夏友根等学者从图书馆与环境之间的互动角度出发，认为图书馆生态位是图书馆与环境之间的一种关系定位，这种关系是图书馆与环境互动后所达到的均衡状态，它受到图书馆内部因素的影响，并通过图书馆与环境的物质交换接口即资源和需求的状况表现出来。

一、生态学与图书馆用户需求

（一）生态学视角下的图书馆用户需求

结合生态学理论中对生态位理论的研究，以下内容将从生态学的角度切入，对图书馆用户需求进行研究，从生态位视角分析图书馆用户需求。

1. 图书馆用户需求生态位宽度

图书馆用户需求生态位宽度是指用户需求对信息资源占有的范围、种类、数量，以及对图书馆服务利用的范围，如图 3-1 所示。如果用户需求占有的图书馆信息资源范围相对较广，种类较多，数量较大，那么其生态位宽度则相对较宽；如果用户需求占有的图书馆信息资源范围相对较窄，种类较少，数量较小，那么其生态位宽度则相对较窄。如果用户需求能够有效利用多种图书馆服务，那么其生态位宽度则相对较宽；而如果用户需求能够有效利用的图书馆服务数量较少或种类单一，那么其生态位宽度则相对较窄。这里所指服务的概念较为宽泛，既包括基于信息和知识的服务，又包括基于图书馆物理空间与功能的服务，还包括更广泛意义上的基于服务资源和服务总量有限性的服务机会的利用。

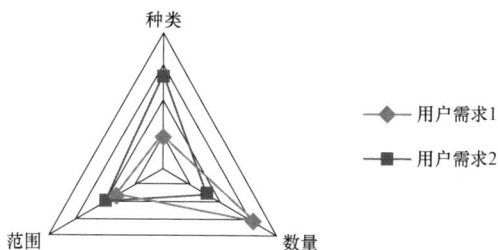

图 3-1　图书馆用户需求生态位宽度

图书馆用户需求生态位宽度及其演变，能够客观的反映出以下几方面内容。

第一，图书馆用户需求生态位宽度的演变，反映了用户需求之间的竞争。由于图书馆服务资源的有限性与用户需求的无限性之间存在着矛盾，用户需求在发展过程中必然存在着对资源的竞争，竞争的结果就是那些需求量较大、个人能力水平高的用户的需求生态位宽度得到了拓展，而那些需求量较小、个人能力水平低的用户的需求生态位宽度逐渐减小。

第二，图书馆用户需求生态位宽度的演变，是图书馆对用户需求竞争的一种必然结果。图书馆之间对用户需求资源的竞争能够刺激用户需求、放大用户需求，而这种刺激与放大的作用能够直接作用于用户需求生态位上，使生态位发生改变，这种改变的大小一方面取决于图书馆之间竞争的激烈程度，另一方面取决于用户个人的需求强度和能力大小。

第三，图书馆用户需求生态位宽度的演变是图书馆不断挖掘用户潜在需求的结果。用户需求中有很大一部分是潜在需求，潜在需求既包括用户已经认识到的潜在需求，又包括用户尚未认识到的潜在需求。图书馆通过服务工作的开展，不断对用户潜在需求进行挖掘，一方面使得用户逐渐意识到自己的潜在需求，另一方面使用户的潜在需求能够为图书馆所获取，通过同时开展上述两方面工作，能够使用户需求的生态位宽度得到扩展。

2. 图书馆用户需求生态位维度

图书馆用户需求生态位维度是对同一事物不同外延与侧面的需求，而这些外延与侧面所具有的特性广泛存在于图书馆所提供的资源与服务之中，如图 3-2 所示。用户对知识服务在个性化、专业化、知识化等不同维度有着需求，而用户对这些维度的需求同样能够体现在信息服务上。对于图书馆用户需求生态位维度的认识是一个渐进的过程，因为人们认识客观世界、改造客观世界需要一个渐进的、循环的、往复的过程，同时也是一个螺旋上升的过程，人们不可能同时的、完全的认识某一事物的全部特征，即对于图书馆用户需求维度的认知需要一个过程。同时，随着人们改造世界步伐的推进，也将会赋予用户需求以新的维度与内涵。对于人们已知的用户需求维度，又会因为用户需求的个性化差异而呈现出差异，不同用户重视的需求维度不同；就同一维度来说，有的用户非常重视，而有的用户则可能不重视（如图 3-3 所示）。

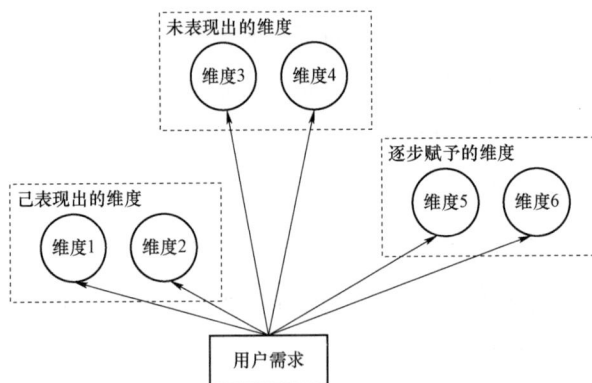

图 3-2　图书馆用户需求生态位维度

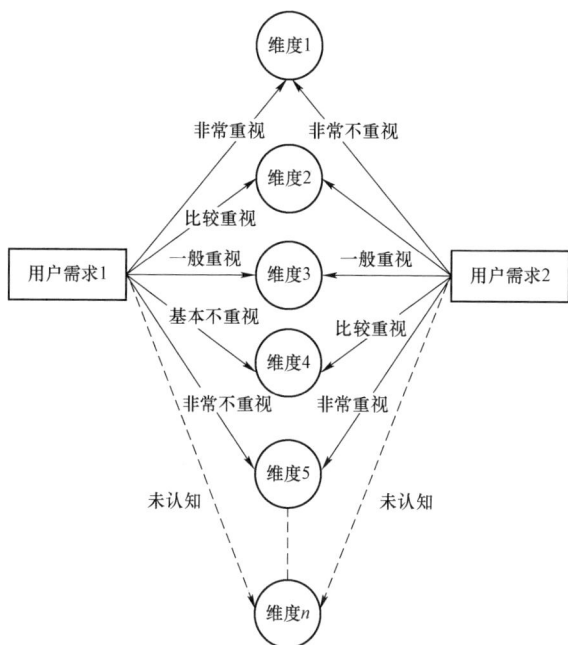

图 3-3 一般情况下用户对其需求生态位维度的重视情况

对图书馆用户需求生态位维度的考察，能够客观的反映出图书馆服务在个性化、丰富性、重视用户体验等方面的情况。

第一，就同一类需求来说，不同用户所重视的需求生态位维度是不同的，为此，图书馆必须根据用户需求生态位维度侧重点的不同，有针对性的提供个性化服务，尊重并重视用户的个性化需求。

第二，用户需求生态位维度具有较为丰富的内涵，不仅能够从多角度对图书馆服务提出要求，而且随着时代的进步、科技的发展，以及图书馆服务水平的不断提高，用户需求生态位维度还将具有更多的内涵，这也将从更多的维度对图书馆服务提出要求。为此，图书馆服务必须与当前的用户需求生态位维度相适应，以此来满足用户多维度的需求，即图书馆服务应具有丰富性。有时，图书馆为了提高用户满意度，还应适当超越当前用户需求生态位维度所具有的内涵，让用户感受到从未有过的或未曾想到过的满意服务，即图书馆服务的维度要多于用户需求生态位维度，并且让用户感知到在这些多出的维度上得到了来自图书馆的服务。

第三，图书馆用户需求生态位维度，与用户的主观感受息息相关，如果用户对图书馆服务的评价是基于生态位维度出发的，那么这种评价极易受到用户主观感受的影响，进而对评价结果产生不客观的影响。为此，图书馆在对待图书馆用户需求生态位维度时，应当重视用户体验，增加系统的易用性，减少服务过程中对用户造成的困扰、误解，以及不必要的麻烦。

3. 图书馆用户需求生态位层次

图书馆用户需求生态位层次是指用户需求的层次性分布，以及与图书馆层次性服务的对应关系。由于用户需求具有层次性特点，当用户需求处于某一层次时，当前需求的重要性被用户无限放大，用户会将主要注意力集中在当前需求上，而图书馆则根据当前需求的层次提供与之相适应的层次性服务，并且只有当前需求得到满足时，用户才会考虑其他需求，实现用户需求层次的迁跃，进而对其他层次的服务提出要求。即用户需求的层次性，以及与图书馆服务的层次性对应关系，使得用户需求生态位具有层次性分布的特点。图书馆用户需求生态位层次与图书馆服务层次是对应的关系，彼此之间相互促进发展。当图书馆服务缺失时，与之相对应的生态位层次性需求无法得到满足，将逐渐萎缩直至消失；同样，如果用户需求生态位的层次性分布不合理，在某一层次过于集中或过于缺少，与之相对应的层次性服务要么由于服务总量不足无法满足需求，要么图书馆在博弈后会放弃对这一层次需求提供服务，将有限的资源投入到其他层次的需求服务中。

对图书馆用户需求生态位层次的考察，能够客观地反映出图书馆服务能力、深化服务功能、服务创新能力等方面的情况。

第一，图书馆服务总量是有限的，而当图书馆在处理用户需求时，不仅要考虑到用户需求在数量上对图书馆服务提出的要求，还要考虑到用户需求的层次性特点对图书馆服务提出的要求，即图书馆既要在服务总量上满足用户需求，同时又要在差异化服务、层次化服务上满足用户需求，这体现出了一个图书馆的服务能力。服务能力较强的图书馆，不仅能在服务总量上接近、达到甚至超越用户需求，并且还能够在层次化服务方面提供满足用户各层次需求的服务；而服务能力较弱的图书馆，不仅在服务总量上无法满足用户，在差异化服务方面也无法满足用户的层次性需求。

第二，图书馆深化服务功能，体现了图书馆服务的积极性与主动性，急用户所急，想用户所想，通过服务与用户共同进步，在用户需求不断被实现，用户能力不断提高的同时，加快了用户需求生态位层次的迁跃。

第三，用户需求生态位层次的迁跃，既是用户需求自身演变的结果，同时又是图书馆积极开展知识创新与服务创新的结果。用户需求具有上升的特点，并且需求是可以被生产出来的。在二者共同作用下，将促成用户需求生态位层次的迁跃。

4. 图书馆用户需求生态位重叠

生态位重叠是指两个或两个以上生物同时需求一个环境资源的某个部分或整个部分的现象。图书馆用户需求生态位重叠是指两个或两个以上的用户需求生态位部分重叠或完全重叠。对于用户需求生态位重叠现象，可以是在两个用户需求的生态位宽度上发生重叠，可以是在同一个生态位维度上发生重叠，也可以是在若干个生态位维度上发生重叠，同样，用户需求生态位层次也能够发生重叠。例如，用户可以同时对图书馆的信息资源、图书馆物理空间、图书馆知识服务产生需求，即生态位宽度重叠；用户可以同时对图书馆知识服务的专业性、知识性、时效性、个性化等维度产生需求，即生态位维度重叠；用户可以同时产生生理需求，如借阅的需求；同时产生安全需求，如自由获取图书馆资源的需求；同时产生社交需求，如获得图书馆理解、信任、支持以及关爱的需求；同时产生尊重需求，如不受图书馆歧视的需求；同时产生自我实现的需求，如用户终身教育的需求，即生态位层次重叠。

（二）生态学视角下用户对图书馆服务系统的要求

生态学视角下，用户需求对图书馆服务系统提出了一系列的要求，以下内容主要从主观要求、客观要求、现实要求和潜在要求这四个方面进行阐述。

1. 主观要求

（1）感知有用

从马斯洛的需求层次理论出发，图书馆用户使用图书馆服务系统的最基本、最原始的目的就是要满足用户的生理需求，进而不断满足其他层次的需求，只有用户觉得图书馆服务确实有用，才会不断地使用图书馆，即对图书馆服务系统感知有用，并且这种有用是建立在不同需求层次基础上的。

（2）感知易用

无论对于能力较低的初级用户来说，还是对于能力较强的高级用户来说，图书馆服务系统应便于使用、易于操作、界面友好、高效智能，即对图书馆服务系统感知易用。

（3）感知生态友好

随着当前用户环境的不断变化，信息污染、信息爆炸、信息超载现象使用户迫切希望图书馆能够为用户提供生态友好的服务系统，为用户营造适合信息活动的生态环境。

2. 客观要求

客观上，用户希望图书馆能够提供适宜用户需求繁衍、生长的服务，形成适合用户需求生存的生态环境与运行机制。用户虽然不会明确提出需求，但用户客观上需要图书馆提供的服务能够在服务总量、服务质量、服务范围等方面与用户需求相匹配，这是提高用户满意度、实现用户价值、实现图书馆发展的前提保障。通过服务，将用户与需求连同图书馆和知识进行有机结合，形成和谐共存的生态关系，并且以这种生态关系为基础，做好图书馆服务工作。要体现图书馆服务的功能与价值，并且赋予图书馆服务系统以更多的功能维度与价值取向。

3. 现实要求

要求图书馆服务系统体现时代特点和时代需求,将图书馆生态文明建设、图书馆生态环境建设、生态发展观与用户需求服务工作相结合,与用户需求的发展趋势相适应。要从实际工作与理论研究同时出发,解决困扰用户发展、困扰图书馆发展、困扰用户使用图书馆等方面的核心问题。

4. 潜在要求

如何提高图书馆用户服务的绩效,既是图书馆对自身提出的要求,更是用户需求对图书馆服务系统提出的要求。如何从最简单、最普遍、最基本、最常见、最平凡的关系出发,即用户需求与图书馆之间的关系出发,以用户需求为逻辑起点进行研究,是当前用户需求对图书馆服务系统提出的必须面对的问题。从心理学的角度来看,人们经常会高估自己的能力,认为取得的成绩或产生的结果与他人无关,都是自己努力的结果。对于图书馆用户来说,尤其是能力比较强的高级用户更是如此,有些用户会认为自己取得的成绩,获得的成果都是自己努力的结果,与图书馆服务无关。为此,必须使用户感知到自己获得的成绩与产生的结果,与图书馆服务具有关联性。用户需要感知到不同图书馆所提供的服务之间的差异、图书馆生态服务系统与非生态服务系统之间的差异。

二、生态学视角下的图书馆用户需求服务系统

(一)图书馆服务的生态持续性

生态系统在生物的整个生命周期中,能够始终为生物的生存、发展提供能量来源、活动场所,以及其他一系列保障生物生存发展的服务功能,并且生态系统的服务是不会主动停止的,一旦停止向生物提供服务,或某些服务

功能无法正常发挥，那么生物将会面临灭亡的危险。在图书馆服务能力有限性与用户需求无限性的客观前提下谋求二者的和谐发展，使图书馆服务始终能够与用户需求处于同一水平，确保在用户信息活动的全过程中、在用户需求的生命周期中、在用户需求上升过程中，以及在用户终身学习过程中都能够得到图书馆服务，最大限度地合理利用图书馆资源，减少、避免、克服由于资金短缺或能力不足造成的服务连续性中断或服务缺失。图书馆作为一个有机体，在已经与用户需求形成生态服务关系的前提下，向用户提供的服务应当是持续不间断的，一旦图书馆无法保证服务的持续性，或者服务在某些层次是持续的而在某些层次上是间断的，那么对于用户需求来说意味着能量与营养补给的中断，不利于用户需求的发展。为此，在用户的信息活动全流程中、在用户需求的整个生命周期中、在用户需求上升和迁跃过程中，以及在用户终身学习过程中，图书馆能否为用户提供持续的生态服务，能否为用户提供结构化、专业化、多角度、泛在式、嵌入式的服务，能否全面覆盖用户需求，是衡量图书馆用户需求服务系统是否具备生态性的重要标准之一。

（二）图书馆用户需求的生物多样性

生物多样性是指一定空间范围内多种有机体有规律的结合在一起的总称。根据生态学理论和需求理论，对图书馆用户需求的研究可以从用户需求的宽度、层次、维度、数量，用户需求演化、层次迁跃，需求种群的形成、竞合、演化等角度进行。为此，图书馆提供的服务不仅是基于用户需求的，还必须是深入用户需求的生态特性中，将用户需求、用户需求种群和生态服务系统有机地连结在一起，通过提供生态服务，保持图书馆用户需求种类的多样性，引导用户需求种群的协调发展，实现用户需求的层次化发展，尊重并满足用户需求的各个维度，最大限度地开发用户需求。通过保持用户需求的多样性、完整性和延续性，促成图书馆生态服务系统得以稳定发展。

为了保持图书馆用户需求的生物多样性，图书馆应在如何刺激用户需求数量、如何刺激用户需求生态位宽度、如何刺激用户需求生态位维度、如何刺激用户需求生态位层次，以及如何合理控制用户需求的重叠、合理利用图书馆用户需求之间的竞争与合作、合理利用图书馆用户需求种群之间的竞争与合作等方面展开深入研究。

（三）图书馆服务对用户需求的引导能力与结合能力

图书馆服务对用户需求的引导能力与结合能力，体现了图书馆的凝聚力、向心力、信息中心及服务中心的地位，是图书馆繁殖并涵养用户需求、内化知识资源与营养、通过提供服务实现用户需求与图书馆等因素相结合、并促进用户需求实现、提高用户能力、实现用户价值的有力保障。对于图书馆服务对用户需求的引导，应从图书馆对用户需求的开发、对图书馆用户需求进行获取、实现图书馆用户需求、推动图书馆用户需求生产等方面进行考察。而对于图书馆服务与用户需求的结合能力的考察，应从用户与需求的结合能力、需求与服务的结合能力、服务与图书馆的结合能力、图书馆与知识的结合能力、用户与知识的结合能力等方面进行。

（四）图书馆用户需求服务系统的生态承载力

将用户需求的数量、种类、层次与图书馆服务系统的生态承载力相连，体现出一个图书馆最大限度能为多少用户及用户需求进行服务的能力，以及一个图书馆用户需求服务系统能够提供服务的覆盖半径是多少。

图书馆用户需求服务系统能够提供服务的覆盖半径包括物理空间的覆盖半径、信息时空的覆盖半径、用户需求的覆盖半径。物理空间的覆盖半径是指图书馆能够为多大地域空间范围内的用户提供服务，如高校图书馆的物理空间基本上是覆盖本校地域空间范围内的用户，而基本不会覆盖其他城市的高校用户。信息时空的覆盖半径是指图书馆通过网络服务能够覆盖的用户范围。理论上，信息时空的覆盖范围能够遍及地球的每一个角落，但是由于各种制度上的限制、人为的限制、经济实力与信息化建设程度的限制，信息时空的覆盖半径存在着巨大差异。用户需求的覆盖半径是指图书馆服务能够覆盖的用户需求生态位的范围，即图书馆能够覆盖到多大范围的用户需求生态位宽度、多大范围内的用户需求生态位维度、多大范围内的用户需求生态位层次。传统的服务系统虽然也重视图书馆的服务半径、服务总量、服务能力、服务人数等问题，但是没有从生态承载力这一角度出发，并且没有考虑能力上的差异导致用户需求的数量、宽度、维度、层次、强度会有较大差异，同样是服务于一定数量的用户，能力较强的用户对于图书馆生态承载力要求要高于能力较弱的用户对图书馆生态承载力的要求。

（五）图书馆用户需求服务系统的生态友好环境

营造出一个生态环境友好的用户需求服务系统，是图书馆发展的必然趋势与结果。这要求图书馆在服务过程中逐步形成生态友好型图书馆，推广生态友好型技术，开发生态友好型服务产品，普及生态友好型服务理念，构建生态友好型的物理空间和信息时空。将公平、平等、自由、开放、无歧视、终身教育、提供高质量的服务等图书馆核心理念有机地融入图书馆用户需求服务系统中，使用户能够在生态友好的信息环境中从事信息活动，使用户需求能够在生态友好的服务环境中繁衍生息。同时，要求图书馆用户需求服务系统输出健康的生态理念，不仅是对人类优秀的道德情操与崇高的文化精神进行传承，还要将这些优秀的道德情操与崇高的文化精神孕育于人类的智慧结晶即知识之中，通过知识加工与重组，向社会输出，使用户获得多重收益。

三、图书馆用户需求生态服务系统的构成

（一）图书馆用户需求主体

1. 用户需求生产者

用户需求生产者主要包括图书馆用户和图书馆。图书馆用户是生态服务系统中用户需求的主要生产者。人类在从事生产劳动的过程中，由于客观存在的信息差导致信息行为的产生，在用户利用图书馆开展信息活动的同时，产生了对图书馆资源、服务等方面的需求，即用户需求。系统中存在着大量的用户需求，而这些用户需求则是由各种不同类型的用户生产出来的，需求强度较高的用户生产出数量较多的需求，而需求强度较低的用户生产出数量较少的需求，生态位宽度较宽的用户易产生跨专业跨学科的需求，而生态位宽度较窄的用户更多情况下只对某一学科知识感兴趣。当然，用户信息活动也可以绕开图书馆，通过其他途径来产生需求并实现需求，但是从广义上来看，图书馆可将用户的范围进行延展，那些非图书馆用户应被视为图书馆的潜在用户，相应的这些潜在用户产生的需求应被理解成未被识别、未被获取的用户需求。

从需求理论出发，图书馆也是用户需求的生产者，因为需求是可以被生产出来的，而用户通过图书馆进行"消费"则能够把用户需求再生产出来。当前，一些图书馆用户的需求最初并非是由用户自己生产出来的，如对知识服务的需求，用户最开始并没有这方面的需求，相反，经常表现为方向性的、模糊性的需求，知识服务的需求正是经过图书馆的服务创新，生产出"对知识服务的需求"，使用户对这一需求有所认并接纳，进而生产出对知识服务的需求，这也体现出用户需求生产者对物质和能量的转化作用。图书馆对用户需求的生产，使得用户需求层次能够不断上升，用户需求能够得到更多重视，

同时被更好地实现。这里图书馆作为用户需求生产者体现的是一个较为宽泛的概念，是抽象意义上的图书馆和代表图书馆履行职能的图书馆员的集合。

2. 用户需求传递者

用户需求传递者是指在生态服务系统中，负责获取用户需求以及与之相关的信息，并负责从一个节点向其他节点传递的人或系统构成。用户需求传递者主要包括图书馆用户和图书馆员。用户需求传递者在系统中主要起到以下三方面作用：第一，通过图书馆网络服务平台、社会关系网络等，获取来自图书馆各类用户的需求信息，这一过程主要包括用户需求的挖掘、用户需求的识别、用户需求的获取、用户需求的储存、用户需求的传播；第二，减少用户需求传递过程中的噪声和干扰，保证用户需求能够及时、准确、无误的传递；第三，实现用户需求映射，使生态服务系统具有高效性和针对性。

3. 用户需求消费者

图书馆和图书馆员既是用户需求的生产者，同时又是用户需求的消费者，通过消费用户需求获得图书馆生存发展的营养与动力，进而达到生存的目的。从知识论为基础的理论出发衡量图书馆的生存基础与发展趋势，得出的结论应该是图书馆是基于对知识的组织、管理、开发来得以生存发展的。从知识论的角度出发固然是正确的，但不是全面的，在生态学视角下及在当前的社会环境下，图书馆事业的实践无数次表明，如果没有人使用图书馆，如果图书馆没有用户，即没有用户需求的话，图书馆拥有再多的知识，对知识的组织、管理、开发再如何先进，图书馆也终将在历史舞台上被取代甚至消失。为此，图书馆必须以用户需求为营养，通过"消耗"用户需求来达到生存的目的。图书馆事业对用户需求的重视并不妨碍图书馆以知识作为基础，相反，图书馆和图书馆员作为用户需求的消费者将极大地推动物质和能量在图书馆中的流动，即推动知识以各种形式、在生态服务系统的主体之间、各个工作环节和流程中流动，使知识真正的动起来，服务于图书馆用户，实现其价值。

4.用户需求分解者

分解者是指具有分解能力的生物和腐食性动物，作用是将能量还给大自然。用户需求分解者是指参与到用户服务过程中，为实现用户需求作出直接贡献（非间接）的图书馆员。用户需求分解者的作用是将用户需求转换为其他形式的物质和能量，这些经过转换形成的物质和能量重新投入到为用户需求提供服务的过程中。例如，从信息的角度来看，将用户需求转换成信息商品、重新构建的信息资源、新的知识；从用户的角度来看，是将用户需求转换成结果、答案、心理预期、心理感受、用户认知等。

（二）环境构成

图书馆用户需求生态服务系统的生态环境是指影响生态服务过程的全部影响因素及其相互作用。对图书馆用户需求生态服务系统具有直接或间接影响的外界环境要素称为生态因子，所有图书馆用户需求生态服务系统的生态因子共同构成了生态环境。图书馆用户需求生态服务系统的环境构成主要由以下五点要素构成。

1.信息

信息是生物及具有自动控制系统的机器，通过感觉器官和相应的设备与外界进行交换的一切内容，信息是对客观世界中事物运动状态和变化的反映。从信息的内容来看，信息可划分为生活信息、政治信息、经济信息等；从信息的产生领域来看，信息可划分为无机信息、生物信息、社会信息等；从信息被加工的情况来看，信息可划分为零次信息、一次信息、二次信息、三次信息。信息是图书馆用户需求生态服务系统中的重要因子也是关键因子，是图书馆为用户提供服务的基础和保障。

2. 信息技术

广义上讲，信息技术是指能够被充分利用并扩展人类信息器官功能的各种方法、工具、技能的总和。狭义上讲，信息技术是指利用广播、电视、计算机、网络等硬件设备及软件工具和科学方法，对信息进行获取、加工、整理、分析、存储、传播与使用的技术。从工作流程与环节来看，信息技术可以划分为信息获取技术、信息存储技术、信息加工技术、信息传播技术、信息标准化技术等；从功能层次来看，信息技术可以划分为基础层次信息技术、支撑层次信息技术、主体层次信息技术、应用层次信息技术。信息技术的发展和进步，对图书馆用户需求生态服务系统产生了深远的影响，不仅使用户需求的生存环境发生了较大变化，同时对用户需求的挖掘、获取、加工、分析、传递等一系列工作产生了重大影响，这既是对图书馆服务的挑战，同时对于图书馆服务来说也是一种机遇。

3. 信息时空

信息时空是图书馆与用户进行信息活动的时间和空间的总称。图书馆与用户在进行信息活动的过程中，不可避免的需要并占据一定的时间和空间，对于图书馆来说信息时间包括对用户需求的激励、挖掘、获取、分析、加工、传递、转移、生产等服务工作所需要的时间，而对于图书馆用户来说信息时间包括产生用户需求、隐性需求向显性需求转换、需求表达、需求传递、需求转移、对服务的感知、对服务的评价等所需要的时间。对于信息空间来说，主要包括提供服务、需求服务、产生需求等活动需要的空间，既包括物理空间，如图书馆场馆，又包括虚拟空间，如信息存储空间、门户网站空间。

4. 图书馆用户需求

图书馆用户需求是在图书馆与用户共同发展的过程中，在图书馆对用户施加的积极影响下，用户为了实现自身价值进而对图书馆服务与服务产品产生的需求。从存在形式来看，图书馆用户需求可分为主观需求、客观需求、现实需求、潜在需求；从需求内容来看，可分为对图书馆物理资源的需求、对图书馆信息资源的需求、对图书馆服务的需求；从层次性来看，图书馆用户需求可划分为生理需求、安全需求、社交需求、尊重需求、自我实现需求；从服务的角度来看，图书馆用户需求都可以理解为对服务的需求，用户对于其他方面的全部需求都可以通过内化作用和外化作用，最终体现为对服务的需求。

5. 图书馆用户需求生态服务制度

图书馆用户需求生态服务制度的宗旨就是在自由、平等、公平、公正、开放的前提下保障图书馆用户需求生态服务系统能够有效运行，形成生态友好的用户需求环境，从根本上保障用户需求并满足用户需求，同时，通过制度的约束与保障作用，使图书馆和用户能够协同发展，共同进步。图书馆用户需求生态服务制度包括基础保障制度、服务制度、用户需求开发制度等。基础保障制度主要包括政府颁布制定的信息政策、信息法律、信息技术标准，以及以用户需求为核心和导向的资源采购制度、人才制度等；服务制度主要包括由图书馆及其主管部门制定的服务规章、服务手册、服务指导意见、服务标准等；用户需求开发制度主要包括激励制度、奖惩制度、竞争机制等。

第二节 以用户为中心的图书馆新型服务体系建立

网络环境的形成，使图书馆的文献信息活动和文献信息服务的基本方式和格局正在经历着巨大变化，图书馆的文献信息服务呈现出前所未有的广泛性和深层性，给图书馆系统的组织与管理活动增添了新的压力。各种信息服务业务机构，为了适应信息服务要求，必须在原有的基础上进行资源、业务、流程、机构的重新组织，以适应新的信息环境和服务模式。

一、BPR 理论与图书馆重组

（一）BPR 理论

BPR 理论，又称为业务流程重组，有的也称为企业过程再造、再生工程、再造工程、企业流程改造等，指对企业的业务流程作根本性的思考和彻底重建，其目的是在成本、质量、服务、速度等方面取得显著提高，使企业能够最大限度地适应顾客、竞争、变化为特征的现代企业经营环境。它强调打破职能部门的分界线，考虑过程的持续性和有效性，以过程而不是以职能部门为企业生产经营的管理对象。其核心思想和内容可归纳为注重流程、彻底变革、强调顾客导向。

（二）BPR 理论与图书馆

BPR 理论运用于图书馆学是从企业管理的角度来探讨图书馆业务重组的理论研究与改革实践。BPR 理论虽然首先在企业界出现并兴起，但很快进入了国际图书馆和信息管理领域。在国际图书馆文献（包括因特网）中已经可以看到不少业务流程重组在图书馆应用中的案例和论述。

经过理论内涵的改造后，图书馆界也开始尝试把 BPR 理论用来指导图书馆改革，如美国夏威夷州立公共图书馆、犹他州立公共图书馆、香港理工大学图书馆、清华大学图书馆、上海图书馆等，先后在其改革及数字化建设过程中不同程度地引入了 BPR 理念，虽仅限于局部尝试，但亦取得了良好效果。这些案例给图书馆如何利用这个概念提供了启示，表明图书馆与企业一样适用 BPR 理论，因为图书馆与企业都处在不断变化的社会环境中，他们都是这个社会组织的一分子；图书馆与企业都是以满足用户需求为目标；图书馆与企业都非常重视信息技术的应用；从某种意义上讲，图书馆和企业一样，都存在着效益问题，只是表现形式和侧重点不同而已；图书馆的基本业务传递信息资源同样是一种业务流程，因而图书馆运用业务流程重组理论是可行的。

由上述分析可以得知，业务流程重组适用于用户主导、竞争激烈、快速变化的现代社会，并且其作为一种新的管理思想和管理工具同样适用于图书馆界。图书馆应借鉴企业管理的成功经验，在服务上树立以用户为中心的观点，充分利用一切条件满足用户需求；在经济上考虑投入与产出的比值，实行开源节流；在技术上重视信息技术的应用，实现图书馆物质流与信息流的有机整合，建立合理馆藏；在管理上建立良好的运行机制，实现高效低耗。

（三）从 BPR 理论看图书馆重组的实质

图书馆重组的实质是对图书馆原有业务过程和机构设置进行重新设计，使图书馆整体功能、工作重心及机构设置更加主动、有计划、有目的、有组织、有协作、有步骤地进行，实质上是从深层次开始进行的全新再设计。

从业务流程重组（BPR）的定义中可以看出，"根本性的思考""显著的改善""彻底重建"等词是关键，我们可以根据这几个关键词来分析一下图书馆重组的实质："根本的"，业务流程再造就是对图书馆所固有的基本思维定式提出挑战，产生创造性思维，从而促进图书馆理念的根本转变；"显著的"，图书馆重组必须打破原有的工作流程，根据信息传递的方式设计最短、最有效的线路，达到效果的显著改善；"彻底的"，彻底打破旧有的模式，尽可能突破传统框架的束缚，打破常规、彻底创新，实现以用户为中心的机构设置，使整个图书馆产生脱胎换骨的巨大变化。

业务流程重组区别于其他企业改革概念的最根本特征是"重新开始"。图书馆重组应该以确定图书馆的使命为前提，在科学理论指导下管理新思维，使我们能站在图书馆生存发展的高度，重新审视其社会地位，重新定义其历史使命，重新排列其工作优先顺序，制定出科学性和创新性相结合、现实性与前瞻性相协调的发展战略。

二、图书馆重组的主要内容

根据 BPR 理论的精髓，图书馆重组的整个实施体系包括观念再造、资源重组、流程重建、机构重构等方面，其中以流程重建为主导，每一个重组体系内部都有各自独立的相应内容。

（一）观念再造

为适应时代需要，图书馆馆员思想观念的彻底变革显得尤为重要。在技术主导的信息社会里，许多图书馆馆员的思想观念远远落后于技术的进步和社会的发展。观念再造要解决的是有关的观念问题，主要涉及重塑服务理念、转变管理机制、重建组织文化等方面，实现要点也应从这几个方面综合考量，帮助图书馆馆员从发展的角度来理解重组的意义以及重组所带来的实质性效果。

（二）资源重组

图书馆资源包括设备资源、人力资源、文献信息资源等内容，这里着重分析人力资源重组。在网络时代，图书馆需要的是一专多能的复合型人才，他们既要有扎实的图书情报知识和一门以上的专业知识，也要具备熟练的计算机应用技能与网络处理能力，还要有扎实的外语功底和娴熟的业务技巧。人才是图书馆建设的根本，关系到图书馆服务质量的优劣，建设高素质的人才队伍是图书馆重组的核心。高素质的人才队伍是图书馆重组得以顺利实施的保证，因此图书馆应对各部门、库室的人员基本情况进行综合分析，制定出切实可行的方案，对传统的人事分配制度进行改革，实行全员聘任、竞争上岗、择优录取、评聘分开等上岗措施，并对岗位编制、职责、权限等指标进行细化，制定出切实可行的考核标准和监督措施，使重组后的工作人员能更快、更好地适应瞬息万变的新环境。

（三）流程重建

数字化业务流程重建的目的在于更好地开展社会化信息服务，满足用户个性化、多元化和全程化的信息服务需求。图书馆在实施业务流程重组过程中，要通过充分运用现代信息技术、仔细考虑用户需求来改革图书馆原有流程和管理体制，实现业务流程的自动化和计算机化，提高工作效率，缩短信息流转周期。因此，在流程重建过程中，图书馆应着重考虑服务的个性化、知识整合、服务集成、核心业务拓展和网络虚拟服务开展等问题。以下为流程重建的步骤。

1. 界定核心流程

当前，图书馆服务已由文献信息加工与处理向知识信息服务转化，因此图书馆的核心流程就要围绕知识信息服务进行一系列相关工作。进行业务流程重组，首先要确立核心业务流程。所谓"核心流程"，是指在众多流程中，集成组织的各种核心竞争力的流程。核心流程的确定是随着形势的变化而变化的。图书馆应从用户需求角度出发，根据用户需要随时增加、删减和组合新的业务流程。

2. 分析现有流程

对现有业务流程的分析、诊断是依照业务流程重组理论的核心思想与原则确定当前业务流程中存在的关键问题，为新的业务流程的设计提供依据。

传统的图书馆工作流程是直线型流水线式的，根据文献信息在图书馆中的流动方向而设计。这一业务流程的核心是一个物化的线型模式，主要为文献的采集、编目、分类、典藏、流通、阅览、检索咨询等直线式工作程序，各业务环节紧密相连。这种工作流程，在传统或自动化管理程度不高的情况下是可行而有效的。随着图书馆日常工作微机化、信息存取网络化、馆藏资源数字化程度的日益加深，其缺点日益显著，如忽视电子馆藏和海量网络信息资源等数字信息的组织流程，主要满足于纸质文献采、编、藏、借、阅、检等传统文献组织过程，忽视印刷型文献、电子馆藏资源和网络信息资源的合理配置与协调服务；忽视了用户需求；中断信息服务流程等。

3. 设计新的流程

图书馆可以把信息服务作为流程重组的切入点，进行全方位的馆内业务流程优化和馆际业务流程优化。应该为新流程设定一个明确目标，并将如何实现战略目标的具体方法和步骤融入新的流程中去，一方面可以给改革工作提出一个明确的奋斗方向，另一方面也可以为最后的评价提供参考标准。

实施 BPR，最重要的就是重新设计图书馆的工作流程。业务流程设计得科学得当，就可以减少重复运作时间，减少工作中的矛盾，避免差错，提高效率。

4. 实施流程重建

完成流程设计后，要对现有的流程进行重建。第一，制订实施计划：目标陈述、约束条件陈述、衡量标准、阶段步骤、项目工作计划；第二，编制实施计划任务书：项目组一览表、基本资料需求表、教育训练分派任务表、实施工作流程时间表、人员分工调整说明；第三，定义接受标准；第四，实施。

5. 根据反馈进行调整、完善

在流程重建过程中，要根据用户和图书馆员的反馈意见不断调整、持续改善，使新的流程既能符合图书馆员需要，又能满足用户需求。

（四）机构重构

组织机构重构是图书馆业务流程重组中探讨最多的一个问题，也是国际图书馆界探讨的热点问题。图书馆组织机构重组是图书馆业务流程重组的必然要求，也是图书馆业务流程重组的必然结果。要提高图书馆的服务质量与工作效率，完成对图书馆业务流程的重组，就必须根据业务流程重组的需求，对图书馆的组织机构进行重组。机构重组是一项艰巨而复杂的工作。如果说图书馆自动化是图书馆在技术上的一次变革，那么，图书馆在自动化环境下的机构重组，则是图书馆在运行方式和管理模式上的又一次变革，需要周密的计划和严格科学的程序。

1. 机构重构的原则

（1）以用户为中心

图书馆各项工作应围绕用户需求来开展。图书馆的机构重组要遵循用户第一、便于用户使用的原则。要改变当前按照文献信息的流程、依据功能来设置机构的做法，按照方便用户、利于提供服务的原则来设置组织机构。在组织机构体系中，要突出服务部门的中心地位，其他各机构都应从属于服务机构，为其服务。以用户需求为出发点，以方便用户服务为落脚点，把用户的调查研究作为用户服务的基点，防止人、财、物资源建设的盲目性、随意性，重视网上信息资源的知识组织与学科导航工作。

（2）扁平化

图书馆的机构设置要充分体现现代信息技术优势，把相关工序加以整合，压缩管理层次，实现组织结构扁平化。扁平化组织结构是指尽可能地减少组织的决策层和操作层之间的中间管理层次，使领导与成员之间的沟通变得直接与通畅。通过减少中间管理层次，"金字塔"式的组织结构逐渐变得扁平化。"扁平式"管理的特点是职、责一体化，它变"金字塔"管理的"一人意志众人执行"为"集体的事情大家想点子"。由于管理重心下移，管理核心就来自于管理内部，而且既是"管理员"又是"战斗员"，做到了管理层与被管理层的无缝连接、浑然一体。

（3）高效化

高效化原则是在保证完成组织目标、达到高效率和高质量的前提下，设置最少的机构，用最少的人力去完成组织管理的工作任务。基本思路是：科学设岗、压缩编制、公正考核、择优聘任、竞争上岗，形成优胜劣汰的竞争机制。具体实现途径如下。① 科学设岗：设岗时要注重实际情况，明确岗位职责、范围、目标，做到因事设岗，以岗择人，人事相宜。② 合理定编：根据各个部门、库室的基本情况、工作性质、用户流量等具体情况来设置人员。③ 竞争上岗：采取个人自愿申请，公开述职答辩，择优聘任的方式，促使能者上，庸者下。

（4）弹性化

弹性化的组织结构，可以使组织具有较强的应变能力，使图书馆职能更加多样化、服务质量日益高标准化，提高工作效率。弹性化原则是指在一个组织中，为了实现某一个目标而把不同部门具有不同知识和技能的人集中于一个特定的动态的团体之中，共同完成某个项目，使组织富有弹性。信息技术的广泛应用促使了虚拟图书馆或数字图书馆这种新的图书馆形态的出现，使得传统图书馆组织结构的刚性减弱，弹性增加。国外的很多图书馆都设有团队，这种团队模式是弹性化原则的最好体现。

2. "金字塔"组织模式分析

"金字塔式"组织结构始于 20 世纪初，由当时著名管理学家亨利·法约尔亲自设计，适应了传统图书馆时期的社会环境。"金字塔式"组织结构模式一般分为三层：馆长位于最顶层；中间一层是各个部门主任；下层是普通工作人员。这种"金字塔式"的组织结构实行分头负责、分层管理、逐层落实、逐级考核的管理模式，一般适应于稳定的环境，在传统纸质文献时期，起到了提高图书馆管理质量和效率的作用。其好处是：确保事事有人管、事事有人做、责任到人、管理无盲区、岗位职责明确。但是，"金字塔式"组织结构是一种封闭式的、机械式的组织结构，对网络环境下变化多端的用户要求，则缺乏应变能力，不利于提供高质量的信息服务，如跨部门服务；"金字塔式"管理的思想流向是自上而下的，逐层贯彻，逐层执行，下一级对上一级负责，上一级对下一极考核。时间长了，自上而下的管理流向会让图书馆馆长不由自主地产生"塔尖"意识；人数众多，造成人力资源的极大浪费；机构设置庞大、臃肿，过于固定、僵硬，缺乏灵活性和应变性，造成组织内信息交流、沟通不畅，用户反馈渠道不畅，难以及时、准确、全面地了解用户需求动态；图书馆用户服务工作缺乏深入的调查研究；重管理、轻服务，服务内容简单，人为地割裂各种载体文献信息之间知识内容与联系，难以提供专业化、集成化、个性化的服务。如何重组机构、优化整体职能，体现"以人为本"的服务理念，应成为高校图书馆深化改革的重点。

第三节　用户信息需求下图书馆个性化服务创新

一、基于用户体验的信息构建与定制服务实施

基于用户体验的信息构建在于建立符合用户体验特征的信息组织系统、标志系统、检索系统和导航系统，定制服务则是在体验空间中组织面向用户的信息资源获取、选择和提供。用户个性化信息空间的构建和定制服务的推进具有不可分割的内在联系。以此为出发点建立个性化的资源服务系统。

（一）基于用户体验的信息构建服务

"信息构建"最早由美国学者沃尔曼（R.S.Wurman）于 1976 年提出，直到 20 世纪 90 年代中期才普遍引起人们的关注，此后在信息组织中得到广泛的应用并不断发展。信息构建（Information Architecture，IA）是关于信息内

容组织、信息结构设计和信息界面展示的科学和艺术，其核心思想是让"信息可访问"和让"信息可理解"。

1. 信息构建与用户体验

在用户体验信息构建中，其信息构建拟采用三维结构。

（1）支持维

从支持结构的角度来定义信息构建组件，揭示信息构建所必需的资源要素，包括信息内容、信息构建团队、服务对象、方法技术、管理控制等。

（2）服务维

从信息服务的角度定义信息构建组件，揭示信息构建在用户端的表现形式，包括界面、浏览系统、搜索系统、内容、任务，以及不可见的组件，如元数据、词库、受控词表。

（3）流程维

从信息处理流程的角度定义信息构建组件，揭示信息构建过程，信息从信息源流向用户所必须经过的一系列处理阶段，包括组织、标志、导航、搜索四大核心系统。

用户体验指的是用户在操作或使用一件产品或一项服务时的所做、所想、所感，涉及通过产品和服务提供给用户的理性价值和感性体验。在信息服务领域，用户体验分为三个层次：功能体验、技术体验、感知体验。功能体验描述了系统或产品能否帮助用户完成任务的属性；技术体验描述了服务系统能否帮助用户高效率地完成任务的属性；感知体验描述了系统能否使用户满意地完成任务的属性。

信息构建基于对信息的理解，围绕信息展开，即如何组织信息内容、设计信息结构等。而用户体验是基于用户理解，围绕用户展开，关注两个问题，一是了解用户如何行事，二是如何将用户行事的情况反映到系统之中。其总的原则是，从用户的体验出发进行信息构建，即根据用户特征、需求、认知和行为进行面向用户的信息空间的构造。

2. 基于用户体验的信息构建服务

图 3-4 反映了基于用户体验的信息构建框架，反映了从支持系统、流程系统和服务系统构建出发的基本结构，以及用户特征、认知、需求和行为的综合影响。

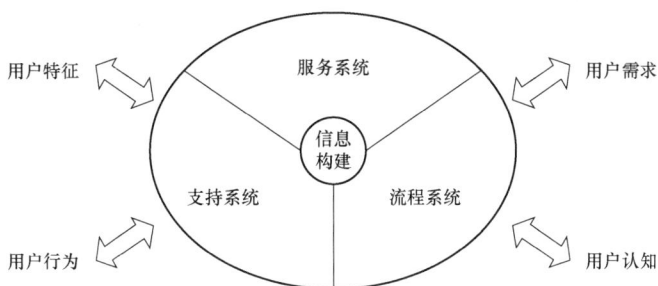

图 3-4 基于用户体验的信息构建

如图 3-4 所示，基于用户体验的信息构建服务，针对用户的个性化特征，规划了支持系统、流程系统和服务系统，其基本工作包括用户特征提取、用户需求识别、用户认知驱动和用户行为规划。

（1）用户特征提取

信息服务是一项社会化的服务，面对的是各种各样的人群，既有熟悉信息检索技巧的专业用户，也有缺乏检索知识的一般用户。对信息构建而言，不仅需要掌握用户的性别、年龄、教育背景、职业、职位等公共特征，还要了解他们不同于其他人的个性化特征。在对信息空间进行构建时，首先应调查收集用户的背景资料，并根据公共特征对用户进行细分，以确定目标用户群。但仅做到这一点还不够，只满足了用户的一般需求。基于用户体验的信息构建还应该将用户的个性化特征反映到系统之中，以满足他们的特殊需求。只有充分掌握用户的特征，尤其是与信息利用有关的特征，才能有针对性地提供令用户满意的个性服务。

（2）用户需求识别

识别用户的信息需求对于提高系统的可用性具有重要的意义，但这项工作并不是一件一劳永逸的事情。这是因为用户对信息的需求是一个动态变化的过程，从他们自身的角度出发，会经历三个发展阶段。

一是潜在阶段，用户在这一阶段还不能完全意识到自己有某方面的信息需求，主要通过普遍浏览来捕捉一些对自己有价值的信息。对于这类用户，需要设置一些醒目的标识来唤醒用户的信息需求，并通过信息推荐方式向用户提供他们实际所需的信息。

二是意识阶段，处于这一阶段的用户已经对自己的需求有了一定的认识，但比较模糊、零碎，还不能通过语言进行明确的需求表述。因此，需要利用咨询等方式来帮助用户明确自己的实际需求。

三是表达阶段，用户在这一阶段已经对自己的需求有了明确的认识，并能够用一些具体的语词来加以表达。对于这类用户，需要充分利用知识组织、内容管理、元数据设计、检索代理等技术帮助用户准确快速地找到所需信息。

（3）用户认知驱动

用户认知包括对信息内容的理性认知和对信息形式的感性认知两个方面。信息内容理性认知是信息转化为知识的驱动力，信息形式感性认知有助于解决如何促进信息转化为知识的问题。

按布鲁克斯的信息空间理论，信息向知识的转化是在交流、认知、效用三个空间的相互作用之下完成的。交流空间是认知主体占有信息，进行信息物质载体和精神内容搜寻和阅读的活动空间；认知空间是认知主体凭借主观认知能力和主观知识结构进行信息内容处理、匹配的思维活动空间；效用空间是认知主体实现信息服务效用，将其转化为知识的活动空间。在构建服务中，通过调查充分了解用户的知识结构、认知水平，遵循"联系已经理解的事物"原则是必要的。这是为用户提供与他们既有的知识相匹配的信息的重要保证。

（4）用户行为控制

用户的行为复杂多样，从宏观来说，主要有检索行为和浏览行为两种方式，而且这两种行为都遵循一定的法则。

第一，省时省力法则。浏览行为是网络环境下用户的一种行为方式，在"信息爆炸"时代，用户不可能一一浏览到所有信息，省时省力是他们进行选择的标准。为满足用户的这一要求，信息构建中应尽可能减少用户获取所需信息的步骤和时间，充分利用其有限的注意力资源。

第二，习惯法则。通常情况下，用户在进行信息检索时，都会按照自己的习惯行事，所用的检索工具、检索途径，以及结果排序方式都具有相当的稳定性。检索行为是用户实现自身信息需求的最直接、最明确的行为方式。因此，在设计检索系统时，可以将用户的习惯模式设置成系统默认值，以减少他们的工作量。

（二）个性化定制信息服务

基于用户体验的信息构建在空间上构建了面向用户开展个性化服务的支撑环境、流程和服务框架。这一框架在解决面向用户服务组织的同时，又为定制服务的开展奠定了基础。个性化定制的实质是信息找人的服务，它可以帮助用户减少寻找信息的时间，提高用户信息浏览和检索效率。个性化定制服务在网络环境中进行，其主流形式是网络定制服务。网络信息定制服务是针对用户的特定信息需求所提供的服务，它采取以用户为中心，主动推送信息的服务形式，从服务内容到服务风格力图符合用户个性需求。因此，用户可以根据自己的需要选择信息机构所提供的各种固定栏目，定制相关新闻、电子资源和音像服务等，还可以根据权限在基本功能、用户界面、信息资源等方面利用机构提供的针对性服务，保证不同用户登录后具有不同的用户风格界面，能够访问不同的电子资源，浏览不同的媒体文件。个性化定制服务是基于用户信息利用过程，动态适应性地进行信息资源提供的服务，在这种服务模式下，信息资源组织不再保持固定的体系结构，而是以动态组合变化的形式来适应和支持用户的信息利用。个性化定制服务流程如图 3-5 所示。

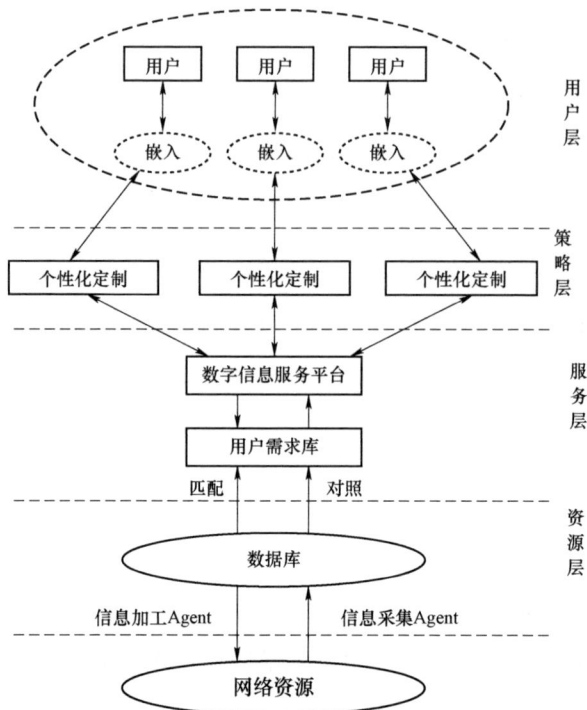

图 3-5　定制服务系统

在个性化定制服务中，主要是采取两种服务形式。

一是个人定制，这是最简单直接的个性化服务，其实质是用户从信息定制的内容、定制页面和定制信息的返回方式等方面提出个性化要求。个人定制即用户可以按照自己的目的和要求，在某一特定的系统功能和服务中，自己设定信息的来源方式、表现形式，选取特定的系统服务功能等。

二是系统定制，即系统通过对用户提交的信息和系统记录的用户访问习惯、栏目偏好、特点等信息所进行的分析，寻找相近需求的用户群，自动组合出对用户有用的定制资料，分发给用户。在定制服务中，根据用户的定制和用户模型对用户的跟踪分析，以将信息与用户个性需求匹配对提高用户满意度起关键作用。

二、基于用户需求的个性化智慧检索服务

当前图书馆正在由个性化服务向个性化智慧服务迈进，但也表现出了许多不足。因此，针对用户个性化信息需求，系统构建个性化智慧服务显得格外重要。

（一）个性化智慧检索服务模式设计

1. 个性化智慧服务模式总体框架

基于知识挖掘的个性化智慧服务模式的目标在于借助知识挖掘技术及管理思想，一方面对海量的馆藏资源进行深入的知识性挖掘和揭示，进行多重关联和聚类，建立资源知识库，以便于知识管理；另一方面，还能够及时、准确地感知用户需求，并对用户需求进行合理的扩展，以提供针对性和个性化知识服务。总体上采用自上而下的设计方法，图书馆的个性化智慧服务模式划分为六个层面，分别是平台应用层、用户交互层、知识服务层、知识存储层、知识处理层、传输感知层。

（1）平台应用层

平台应用层是个性化智慧服务平台的应用支撑，包括 PC 平台和移动终端平台两大类型。PC 平台即官方网站门户，用户通过浏览器输入网址即可进入官方网站。移动终端平台包括移动 App、WAP 网站，以及微信公众号、支付宝生活号、微博账号、豆瓣网等其他社交应用。移动 App、微信公众号两种平台在个性化服务中承担着重要的角色，能够使用户在任何时间、任何地点享受图书馆集成服务，提供服务内容也具有多样性且智慧性。微信公众平台服务虽起步晚于 App 服务，但随着近几年迅猛发展，已成为应用最为广泛、功能最为齐全的图书馆移动服务方式。而微博服务由于自身功能限制，多承担宣传互动的角色。

（2）用户交互层

用户交互层，即用户通过服务平台，进行统一身份认证、注册登录、检索浏览、提问咨询、评价反馈等操作。平台根据用户定制或兴趣偏好，自动搜索知识库和资源数据库，推送或推荐知识给用户，或根据检索请求，为用户匹配知识库和资源库，对用户查询意图、兴趣等进行推理和预测，为用户提供有效的查询结果。在人工服务中，馆员则根据用户提问，借助平台向用户反馈，与用户进行沟通交流。同时馆员也对系统建设具有指导意义。

（3）知识服务层

该层是承接知识存储层和用户交互层的重要中间层，向上提供接口，借助云计算、互联网、物联网技术等为用户的知识服务平台提供强大的计算处理和匹配能力；向下知识存储层为知识服务层提供用户实际所需要的知识资源。服务对象为公共图书馆用户。服务内容主要包括四大模块，分别为个性化智慧检索、个性化智慧推荐、个性化智慧参考咨询、个性化智慧互动服务。

（4）知识存储层

随着信息技术的发展，图书馆也步入了大数据时代，传统的信息搜索已不足以满足用户的需求。海量的数据信息资源可以通过云存储的形式，统一存储在大数据资源库中，包括用户需求信息、行为信息、流通数据等各种结构化或非结构化数据。之后通过知识挖掘的方式，从中产生有价值的知识存储在知识库中，供个性化知识服务使用。知识库是存储、组织和处理知识，以及提供知识服务的重要知识集合。每个知识库都具有特点类型知识内容的知识结构，彼此之间也相互关联。知识库可分为用户知识库、资源知识库，以及其他知识库类型。

用户知识库，是在大数据的支持下，通过对大量用户需求信息与行为信息进行挖掘分析，得出的用户显性需求、兴趣偏好、隐性需求等用户特征或需求，并与用户行为进行关联分析后的知识。其不仅可以提高系统主动性服务的准确度和效率，超出用户预期效果，还可以辅助图书馆决策层针对用户需求趋势在图书馆管理与创新服务中做出决策。资源知识库即通过文本挖掘、Web 挖掘等挖掘方式，提取资源特征，以及资源之间的关联知识，形成知识网络。资源内容不仅包括馆内藏书资源和文献、公开课等数字资源，也包括新闻动态、讲座信息、参考咨询等馆内业务的相关信息资源，同时也包括网络动态信息，以及共建共享资源等馆外资源。资源知识库按照提取知识的特点可划分为咨询知识库、文献知识库、专题知识库、特色知识库、机构知识库等。知识元知识库即从大数据资源中提取出来的独立知识元素。知识元知识库对其统一存储、管理，这样的建库方式有利于知识融合与知识创新。

（5）知识处理层

知识处理层即将数据或信息通过知识挖掘算法，转变为知识的处理过程，并将知识存储在知识库中，主要包括数据采集、数据处理、资源协同、知识挖掘、交互及可视化等步骤。数据采集即利用数据采集设备，收集所要挖掘的数据，并建立目标数据集。数据处理包括批处理、图处理、流处理、交互式处理、群体识别等处理方法。资源协同包括集群调度、分布式协同、分布式通信。知识挖掘即选定挖掘算法，利用文本挖掘、Web 挖掘、机器学习、知识计算、社会计算等关键技术进行数据挖掘和分析，提取知识。交互与可视化包括人机交互、数据可视化、用户画像等。

（6）传输感知层

传输感知层一方面为知识处理层提供数据支持，另一方面保证了个性化智慧服务层和应用层的高质量运行，增强了用户体验。移动互联网的出现改变了人们的生活方式，越来越多的用户倾向于使用移动设备获取知识资源和享受知识服务，突破了传统图书馆在地域和时间上的限制。物联网技术帮助图书馆实现了全面感知和自动化管理，形成了人物相联、物物相联的智慧状态。监控设备、传感器、可穿戴设备、移动阅读终端、二维码扫描设备等完成用户数据信息采集工作；无线局域网络、RFID 网络、传感器网络、蓝牙网络、光纤网络等保证了数据的安全、快速、实时传输。技术的迅速发展，带给了智慧服务无限的发展可能。如情景感知技术使得系统能够自动发现和利用位置、周围环境等情景信息的变化自动地做相应的改变和配置，为用户提供合适的服务。

（二）个性化智慧检索服务模式设计

用户需求可包括用户的显性需求、模糊需求和隐性需求。对于检索而言，用户输入的检索表达式即为用户的显性需求。用户无法用检索表达式准确表达的需求的即为模糊需求。用户尚未意识到的需求即为隐性需求。基于用户需求的个性化智慧检索重点在于可以记录和分析用户的搜索行为，对用户的查询计划、意图、兴趣等进行推理和预测，准确表达用户的模糊需求，深入挖掘用户隐性需求，提高检索的查全率、准确率和有效性的同时，还可以提供搜索引导和知识推荐。

图书馆个性化智慧检索服务模式是用户向平台发出检索请求，检索处理程序根据用户的检索需求，进行语义分析和兴趣提取，以及启发拓展，自动生成检索策略，对馆内外资源进行采集和知识发现，生成索引库和知识库，将匹配的检索结果和信息推荐，以及知识拓展通过平台交互一起呈现给用户。检索过程还可以与用户知识库进行交互，以不断反馈和调整。检索系统还提供检索帮助和检索反馈，为用户提供与系统友好互动的渠道。因此，图书馆个性化智慧检索与传统信息检索方式相比显示出更为个性化、互动性、智能性和灵活性的用户欢迎的特性。

（三）个性化智慧检索服务内容

1. 个性化智能导航

根据用户多样化检索需求，按照文献类型、学科主题、数据库分类等建立信息资源导航库。在这个整合的导航库里只是存储相关信息的索引数据和URL 地址。同时，通过挖掘分析用户的检索行为数据，该导航库应该根据不同用户的检索习惯和潜在需求呈现不同的导航库，用户也可对该导航库进行编辑。

2. 个性化检索定制

个性化检索定制主要是实现用户在检索方式、检索策略、检索结果、检索内容上的定制服务。其中检索内容可依靠 RSS 订阅。

3. 个性化语义检索

个性化语义检索的搜索引擎不拘泥于传统关键词搜索，而是基于语义网技术，从语义层面识别用户的检索语句，准确地捕捉到用户的搜索意图，以机器可理解的方式对资源及资源间的关系进行语义描述和组织，并通过逻辑推理实现资源和知识的检索，从而更准确地向用户返回最符合其需求的搜索结果。个性化语义检索要求图书馆通过语义关联技术对馆内外资源进行重新组合和整合，实现统一检索。

4. 个性化检索推荐

检索推荐是在检索系统之下提供的推荐服务，一方面，系统根据用户的搜索习惯和兴趣偏好，在输入检索词时为用户提供热门搜索词或用户可能感兴趣的搜索词，主动为用户提供导引；另一方面，在检索之后，根据用户兴趣为用户提供相似主题的书目推荐或潜在兴趣的书籍等内容。

5. 个性化社交互动

通过把豆瓣网、微博等社交工具引入到检索内容下，用户可以查看该书籍的相关豆瓣评论、微博评论等，实现与外部用户进行沟通。还可以通过 Tag、Folksonomy，以及其他浏览器插件，实现添加标签、评论、收藏等系统内部互动。

6. 个性化智能代理

引入智能代理技术，通过智能代理器自动地为用户搜集、索引、过滤相关信息，省去人工干预，还可以主动构建用户模型为用户推荐感兴趣的信息，具有自主学习性和高度智能性。

7. 个性化检索知识拓展

系统通过知识挖掘，为用户提供检索资源之外的可视化知识，辅助用户检索，如借阅关系图、检索数据统计图、检索建议等。

除上述服务内容外，个性化智慧检索服务还通过微信、App 客户端、WAP 网站实现了移动端检索，跨越了时间和地域的阻碍，并利用移动互联网技术的优势，拓展了网站系统检索的功能。在信息资源组织上，个性化智慧检索服务表现出整合集群的特点，实现统一检索，以及区域联盟检索。

三、用户需求下图书馆个性化信息服务创新

个性化信息服务是一个复杂的工作，必须认真分析，不断实践总结，实现个性化信息服务的跨越式发展。网络环境下图书馆个性化信息服务是指通过网络等信息技术手段，针对不同的用户需求，采取不同的服务方式，提供不同的信息内容来满足用户信息需求的一种服务模式。

（一）Web2.0 环境下搜索引擎的个性化服务模式

1. Web2.0 环境下搜索引擎的个性化服务方式

Web2.0 的核心理念及服务原则就是为用户提供满足其个性化需求的服务。国际上把 Web2.0 的技术方法和服务方式应用到图书馆中的情况已经比较普遍。外国很多大学图书馆利用 RSS 聚合、Alert 订阅等 Web2.0 手段开展图书

馆服务。Web2.0 服务，特别是搜索引擎的个性化服务内容丰富、类型多样，搜索引擎的个性化服务方式包括信息聚合、tag 和 bookmark、blog 和微博、SNS。

① RSS 主要应用在新闻、维基和博客等网页，加大了可利用的信息范围。

② tag 和 bookmark：tag 是用户自己定义相关信息的标记；bookmark 是用户按照需求把信息进行分类，整理和存储的收藏夹。搜索引擎利用对用户的账号管理的方式提供 tag 和 bookmark 的存储功能，实现个性化信息组织服务。

③ blog 和微博：blog 是一种发布个人信息的网页形式，可以随时展示自己的信息状态；微博以短小性的特点，吸引用户，随着 blog 和微博在用户中的广泛应用，就形成了一种有效的网页信息源。

④ SNS 是通过 SNS（社交网站）这一信息环境，满足社会性需求，用户利用 SNS 构建个人的网络平台，创建属于自己的网络空间，传播、共享和交流信息。

2. Web2.0 环境下搜索引擎的个性化服务模式

个性化首页集成模式实际上是集中提供搜索引擎个性化服务的一站式搜索平台，它的主要功能是面向用户推送信息服务，通过账号管理实现个性化信息存储服务和利用 tag 和 bookmark 实现个性化信息组织服务。个性化首页集成模式与浏览器辅助模式相比成本比较高，并且浏览器越来越多地集成和整合个性化首页中的功能，因此浏览器辅助模式将逐渐代替个性化首页模式，个性化首页集成模式和浏览器辅助模式是 Web2.0 环境下搜索引擎的个性化服务模式中最重要的两种模式。

（1）个性化首页集成模式

个性化首页集成模式的体系架构实际是用户通过个性化首页集成的个性化服务平台与搜索引擎之间的闭合回路反馈流程。个性化首页是搜索引擎针对用户的特点进行信息整合和量身定制的首页，其集成模式体系一般包括个性化信息定制、个性化信息组织、个性化信息推送、个性化信息聚合、个性化信息存储这五种服务形式。个性化首页集成模式的主要功能是搜索引擎通过用户账号建立用户档案，实行记录管理，即个性化信息存储；搜索引擎在向用户主动推送信息服务中允许用户按照自己的喜好进行个性化信息定制，而后搜索引擎根据用户定制情况提供符合用户需求的针对性信息推送；在搜索引擎的个性化信息组织服务中实现了用户参与的信息组织方式。

（2）浏览器辅助模式

搜索引擎的个性化服务模式，包括个性化首页集成模式和浏览器辅助模式。浏览器是万维网服务的客户端浏览程序，用于显示网页服务器或档案系统内的文件，并让用户与这些文件互动。浏览器辅助模式主要通过三部分：一是通过搜索栏添加多种搜索引擎；三是导航主页，把多种资源类型实行分类、归纳和整合，引导用户及时、准确地获取个人需求的信息；二是实现全能搜索，利用几种主流搜索引擎，同时搜索多种资源。搜索栏、导航主页和全能搜索向用户提供便利有效的搜索方式，辅助搜索引擎推广和利用其个性化服务。

随着浏览器和移动应用的发展，浏览器辅助模式的优势得到凸显。第一，浏览器越来越多地集中了各种搜索引擎，方便用户在搜索时选择使用更好更多的搜索引擎，并能对检索结果互相补充。第二，通过利用浏览器的记录收藏功能，用户不必登录搜索引擎来收藏和管理已检索到的信息，可以直接用 tag 和 bookmark 收藏在浏览器中，还可以利用 RSS 提供订阅功能、利用 SNS 和 blog 实现分享功能等。第三，浏览器中的搜索服务不受搜索引擎类型和信息来源的限制，可以在搜索引擎之外，实现对搜索引擎内的信息资源的检索。

（二）云图书馆

云图书馆是指利用云计算技术和理念在互联网上构建的虚拟图书馆。云计算就是通过网络把尽可能多的计算资源整合在一起，借助云技术的强大计算处理能力，由软件自动完成管理与服务的超级应用系统。云图书馆体系结构为应用软件、管理平台、数据库资源、服务器机群、存储中心等。云计算技术和云服务应用于图书馆，将会对图书馆的管理和服务方式产生重大的影响，将会从根本上颠覆传统图书馆服务模式。互联网时代图书馆的发展急需引入云计算的理念和相关技术，更需要建立云图书馆体系，建立面向用户需求的图书馆云平台个性化服务系统，让图书馆用户只拥有一个上网终端就可以检索和下载图书馆的资源，通过门户网站访问和利用云图书馆，享受各项服务。

1. 云环境下图书馆用户需求的特点

图书馆这种新的服务模式，就是要找到云计算技术在图书馆领域应用的契合点，探寻云计算环境下图书馆满足用户信息需求的路径和方法，使得用户信息资源需求发生了质的变化。在云环境下，图书馆利用网络为用户提供服务，不断地扩大着用户群体，服务的范围也更加广泛。图书馆应用云计算技术为用户开展云服务，包括软件、平台、基础设施、数据库等服务形式。云环境下的图书馆用户需求具有以下特点。① 专业性，可以根据自己的需求和专业获得本专业权威性的学术论著，及时了解本学科的发展动态。② 开放性，不受时间地点限制，自由获取。③ 时效性，网络能让用户在最短的时间里获得最新的信息资源，时效性强。④ 集成性，云图书馆的要素是以数据库资源、各种应用软件等组成，集成性的特征极为明显。⑤ 多元性，网络化与数字化扩大了图书馆的服务功能，在资源结构上遍布各个领域，呈现多元化的趋势。

2. 云环境下的图书馆个性化服务

云环境的图书馆个性化服务可以利用云平台个性化服务系统依据用户的需求，为用户设置定制空间及数据加工整理专区，并开通用户在线编辑服务。

系统还能够根据不同层次的用户在个性化定制空间里预设了定制模块，开展多层次多元化的信息服务。用户一旦按照自己的需求定制属于自己的检索界面、服务方式、内容等。就可以对检索的结果进行保存、整理和加工。用户在定制和整理中一次不能完成还可以进行多次操作。

3. 基于云平台的图书馆个性化服务系统模式

（1）基于云平台的个性化服务流程

基于云平台的图书馆个性化服务流程首先是用户向云平台个性化服务系统输入个性化申请信息进行登记注册，注册通过验证后，系统就会按照用户提供的信息进行个性需求定制，然后通过云图书馆进入到互联网中进行信息资源检索，系统检索到符合个性化需求的有用信息后，就会依据个性化的要求进行筛选、删减、剔除和整理，充分体现了人性化，开通在线编辑服务，增加用户的操作权限。用户在资源获取利用的同时如果遇到不满意和新的要求或者建议可以反馈给云服务平台系统，有利于图书馆及时改进。

（2）基于云平台的个性化服务系统模式

云平台个性化服务系统模式的建立，首先要重视图书馆当前的基础建设，比如软硬件资源和网络资源的建设，具备了基础设施，才能够更好地构建云计算平台，开发、应用、管理云服务系统和云存储系统。云平台个性化服务系统模式结构如下。

1）基础设施、网络云和网络终端

基础设施由物理设施和虚拟设施组成，是构建和支撑云计算平台重要的两个部分，缺一不可。网络云起到连接基础设施和网络终端的作用，通俗地说就是把图书馆的服务和用户紧密地联系在一起。网络终端就是图书馆管理人员和用户登录云平台个性化服务系统使用的软硬件设备，用户通过网络终端登录到云计算平台获取信息资源，图书馆管理员通过网络终端登录到云计算平台实现管理与维护。

2）个性化定制、资源检索、知识整理和信息交流

个性化定制是用户实现云平台个性化服务的基础；资源检索以个性化定制作为依据，对云存储系统数字资源进行信息搜索；在知识整理中，用户可以把检索及接收到的信息资源，通过知识整理模块进行在线编辑、归类、删减，把有用的、需要的资源随时保存在个人文档空间里，同时还可以多次登录到云服务系统进行整理；信息交流有利于用户及时提出问题，便于管理人员处理和解决问题，通过集成于系统上的邮件收发功能，用户利用云服务系统和管理员随时进行沟通，用户与用户之间同样也可以进行互动。

3）用户资料库、信息知识库和计算资源库

用户资料库就是用户把已经查找到的信息资源收藏到用户个人存储空间里。便于以后加工、整理和利用；信息知识库即系统的数据总库，用户检索的信息来源中心；计算资源库是云存储系统的重要组成部分，是云平台个性化服务系统中不可或缺的资源。

（三）基于微信的图书馆个性化信息服务创新

1. 基于微信的图书馆个性化信息服务优势

移动信息服务是图书馆开展个性化信息服务的发展方向之一，微信作为一种新的即时性通信产品，从出现开始就备受各界关注。基于微信的图书馆信息服务相较于传统信息服务具备以下优势。

第一，完全符合图书馆信息服务需求多元化、个性化及服务方式移动化的发展趋势。

第二，图书馆可随时随地为用户提供信息和服务，信息和服务能够到达的时间更长，通过微信公众平台的一对多传播方式，图书馆可直接将消息推送到用户手机，因此达到率和被观看率几乎是100%。

第三，营销和服务的定位更加精准。图书馆可通过微信公众平台对用户进行分组，采集用户信息需求、信息使用、行为模式相关大数据，获知用户

特性，从而开展更为精准的服务营销和推送。

第四，媒体内容丰富，便于分享。借助微信，图书馆可以实现和用户群体及用户个体以文字、图片、语音为内容的全方位沟通与互动。

2. 基于微信的图书馆个性化信息服务设计

（1）基于微信的图书馆阅读推广

阅读作为一项国家战略及重要工作部署，已经连续数年被写入政府工作报告，通过阅读推广活动，充分挖掘图书馆特别是数字图书馆在人们生产、生活、工作、学习中的重要作用，培育公众的阅读习惯、阅读素养及技能，在全社会营造终身学习的良好氛围，是图书馆阅读推广的指导原则。在阅读推广过程中，图书馆可以利用微信开展如下层面的服务。

第一，利用微信公众平台提供书目服务。建立"我的图书馆"以及检索发现模块，在"我的图书馆"模块中，用户可以直接开展图书查询、图书馆续借，在发现模块，用户可以查找附近的图书馆、开展数字化阅读。

第二，利用微信公众平台推广阅读。图书馆的阅读推广活动包括新书发布、新书推介书友会、讲座、研讨会等多种形式。传统模式下，图书馆需要通过制作宣传海报、网络通知等方式进行活动宣传，而微信公众平台则为图书馆提供了各类信息发布的统一端口，以前在线下开展的新书推荐、活动宣传、讲座/研讨会通知等都可通过线上途径，直接推送到用户手机，保障百分之百的达到率和被观看率，这样不仅节约了海报、宣传单的制作成本，更能取得较高的宣传成效。

第三，利用微信朋友圈推广阅读。利用微信朋友圈的高互动性及"熟人＋陌生人＋圈子"的营销模式，图书馆可以为阅读爱好者建立分享交流的平台，吸引具有共同阅读兴趣、研究背景或交叉学科背景的用户建立各种书友会，利用微信群聊功能共同探讨问题、扩大影响。

第四，利用微信公众平台与用户互动。包括设立微信书评投稿专栏，调动用户的阅读兴趣，采集用户阅读需求信息，由用户直接点单参与图书馆的采购决策，以及一对一地开展阅读引导及阅读技能培训。

（2）基于微信的图书馆参考咨询

微信在信息传递及信息服务上的优势引发了图书馆参考咨询服务领域对其的关注，越来越多的图书馆开始将微信与参考咨询服务相连接，让微信的及时性、主动性、效率性优势融入图书馆参考咨询服务中，让图书馆参考服务能在短期内提升服务质量，达到社会对图书馆参考咨询服务的基本要求。参考咨询服务是图书馆信息服务的重要分支，数字化环境中的参考咨询服务同样面临变革，咨询的形式和内容都发生了根本性的改变，在线咨询、实时资询、互动咨询、可视化咨询等多种咨询模式的涌现，推动参考咨询服务朝着实时、动态、便捷、高效的方向发展。借助微信图书馆可从以下层面设计参考咨询服务。

第一，组建微信答疑参考咨询团队，通过智能手机或 iTouch 等移动互联网设备，与咨询者通过一对一的语音对讲、文字图片传输等形式开展实时交流，及时、高效、便捷地帮助咨询者解决问题。

第二，利用微信参考咨询嵌入课堂教学。图书馆要更好履行信息服务的职能，就必须依托先进的信息技术和工具，嵌入到现代化的教学过程中。在信息技术革命引发的教育变革浪潮中，多媒体教学、可视化教学、翻转课堂、大规模公开在线课程等现代化教学模式不断呈现，培养学生的信息素养、数字素养，微信参考咨询为图书馆提供了嵌入式信息服务的有效路径。

第三，利用微信参考咨询嵌入用户科研、知识的全过程。借助微信公众平台，图书馆可以根据数字内容搭建知识分享与试验平台，支持对科学、技术和创新中的发展、体系结构和异常现象的跟踪、探测、分析和揭示，以数字化、网络化和计算化的方式，融入用户的知识过程。

（3）基于微信的图书馆学习促进

除了传统的阅读推广、参考咨询服务，21 世纪图书馆的信息服务职能不断深化发展，朝着知识化、学习促进的方向迈进。具体体现在图书馆对用户早期教育、成人教育、劳动发展、职业继续教育、数字素养培训的参与及推动。同时图书馆可借助微信工具，通过信息推送、资源提供、智力支持更好地适应用户学习模式的变化，发挥自身在推动用户学习、求知过程中的作用。

第一，在早期教育方面，图书馆可以利用微信公众平台向社区家庭推送早教资讯及父母学堂、家长沙龙、亲子体验班等早教活动，鼓励符合条件的家庭尽早为适龄婴幼儿报名，享受图书馆提供的优质专业的早期教育社区指导服务。

第二，成人教育、职业培训和劳动力的发展。图书馆应按照年龄层次、职业背景、专业背景、兴趣爱好等因素对关注其公众号的用户进行细分群组，分析不同群组在就业、职业培训、劳动力发展方面的异质化需求，为其推送分类的市场招聘信息、劳动力技能培训活动及其他文化活动。

第三，数字素养培育。数字素养是一种综合素养，不仅包括利用信息技术、工具获取知识实现自我发展的能力，还包括与他人协作、知识挖掘、共同创造、分享成果的能力和习惯，而且这种分享和协作的精神在互联网时代将变得越来越重要。互联网参与机制下，数字文化社会的发展与社会整体数字素养息息相关，公众通过提升数字素养，有能力参与到数字文化社会的行动中，图书馆在提升公众数字素养进程中发挥着不可替代的作用。图书馆应通过微信公众平台为公众或其用户群提供一个分享交流的平台，通过合作、共享，共同创造氛围的营造，在潜移默化中实现公众数字素养水平的不断提升。

（4）基于微信的图书馆个性化信息服务未来展望

由于微信平台所具备的高度交互、方便快捷、高效传递等优势，图书馆在联系与用户、提升图书馆信息服务质量和效能方面有着巨大的推广和应用价值，开始有越来越多的图书馆利用微信开展个性化信息服务。未来图书馆基于微信的个性化信息服务，有以下重点发展领域。

1）利用基于微信的信息服务支持用户的个性化学习

个性化学习是指以反映学习者个性差异为基础，以促进学习者个性发展为目标的学习范式，具体表现为针对个体学习者特定的学习需求、兴趣、意愿或文化背景而推出的一系列教育项目、学习经验、教学方法和学术支持策略。个性化学习是制约高等教育领域技术应用的艰难挑战，个性化学习的最大障碍是那些能有效促进个性化学习的科学的、数据驱动的方法直到最近才开始出现，以"学习分析"为例，其在高等教育中的应用仍在不断演进并需要获得发展动力。无论是公共图书馆，还是高校图书馆，都要获得发展动力，都必须参与用户个性化学习的促进，除了通过微信公众平台为用户提供个性化的学习资料、交流平台，图书馆还可利用微信公众平台整合多种线上、线下教育资源，正式、非正式的学习资源，通过追踪采集学习者信息，包括点击的数量、花费在线课程、网络培训上的时间，用在其他活动（如阅读）上的时间等，辅助高校或其他社区教育机构进行定量分析并分类，从而为每位学习者提供更加个性化的学习建议。

2）基于微信大数据的分析及挖掘

大数据最大的价值在于通过数据分析优化组织决策，进而提升组织效能及社会生产力。大数据环境下，图书馆可以通过微信数据记录用户的需求模式和行为模式，大数据红利可以转化为整个行业的发展机遇。例如，用户在"我的图书馆"中的浏览记录、检索记录、电子书阅读记录等都会自动转换为用户大数据，通过对大数据的长期追踪和分析，图书馆不难掌握用户的信息需求模式、消费模式及个人的兴趣爱好，每当有与用户需求类型相符合的新书上架，或有用户感兴趣的展览、讲座、文化活动时，图书馆便可通过潜在需求与对口信息的匹配开展更为精准的微信推送，使用户感受图书馆更为体贴和人性化的服务。

信息服务是图书馆的核心服务，信息获取与有效利用信息的能力是可持续发展之必需，其不仅有利于个体及社会整体发展目标的实现，更能够从根本上解决社会的教育公平、数字鸿沟、贫富差距等一系列问题。微信公众平台有着信息发布便捷、传播速度快、影响面广、互动性强、沟通及时、丰富媒体等诸多优势，在联系图书馆与用户、提升图书馆信息服务质量和效能方面有着巨大的推广和应用价值。图书馆可利用微信平台工具进行服务设计，在其传统的阅读推广、参考咨询服务，以及新兴的早期教育、成人教育、劳动发展、职业继续教育、数字素养培训服务中融入新的创新元素，基于微信大数据的分析及挖掘，以及利用基于微信的信息服务支持用户的个性化学习是今后图书馆基于微信的信息服务未来发展方向。

第四节　图书馆拓展用户服务工作的新领域

图书馆已发展为现代文明社会不可或缺的社会文化机构，在现代社会中的作用和影响下已经深入人心。在现代高新科技的推动下，图书馆的每一个组成部分都在发生剧烈的变化，尤其是用户服务工作，坚固的"围墙意识"已逐步被摧毁，其领域正不断向各个角落延伸。现代图书馆已是一个无边界、网络化的图书馆，能够自由地运用各种有效的方法为用户服务。

一、创建高品位的社区文化

随着经济的发展，不断开发的住宅小区越来越多，而这些小区却绝大部分地处郊外边缘地带，配套服务，尤其是住宅小区的文化设施建设缺口较大，居民呼声较高。虽谓之为"文明小区"，却缺少文化气氛。

生活在现代都市的人们越来越意识到，没有配套文化设施服务的小区只能算是低层次的小区。为提高住宅小区的文化品位，满足小区居民学习的需要，开发商们都在寻求行之有效的方法。把知识与文明注入小区，成为图书馆扩大用户服务又一新的理念。现代社区优美的生活环境及高雅的文化品位构成了小区建设一道亮丽的风景线，引起了新闻媒体的关注。

二、图书馆服务深入社区基层

（一）开展邮寄图书服务，实行远程信息传递

目前，为远离图书馆的家庭邮寄图书提供各种信息服务的图书馆越来越多。这种远程信息传递深受用户欢迎，如广东的三水区图书馆，为那些因工作、学习需要的用户邮寄书刊，从本区发展到省内外的用户。只要来信或来电提出要求，就可以借到自己需要的文献资料。

（二）服务到家，把文献信息送到用户手中

图书馆上门送书的服务方式，除了采用汽车图书馆把书送到人们的家门口外，还配备了一定的人力，可以直接把书送到用户的手上。例如，上海图书馆用户服务中心的工作人员主动与不方便来馆借书的老年人、残疾用户结对子，为他们提供预约借书服务。

（三）家庭联网，用户足不出户，即可踏上"信息高速公路"

图书馆为市民提供各种网上服务，如建立社区服务网页，为家庭提供各种社区信息服务和图书馆服务，同时还为市民提供电子邮件等网络服务。

（四）开展家庭读书活动，营造浓厚的家庭文化气氛

为提倡家庭的读书活动，上海的公共图书馆从 1990 年起就组织家庭读书活动。由市文化局、市妇联及新闻单位发起成立了市家庭读书指导委员会，有计划地在全市开展家庭读书活动。并于 1996 年起在全市各街道乡镇评选读书之家，各区县评选优秀家庭读书户。上海图书馆与上海总工会定期在每周

六在新馆大厅举行上海职工家庭周末读书会。

三、学校教育的延伸和延续

（一）进行图书馆利用的教育辅导

目前我国的市民对图书馆的认识不深，利用图书馆的能力不强。为了适应新时期的需要，很有必要对用户进行图书馆利用的辅导。而青少年对图书馆的利用大部分是被动的。为了弥补这方面的不足，现在有的图书馆与学校合作，派馆员到学校或请学校组织学生来馆，除了参观图书馆外，还举办了如何利用图书馆的知识讲座。湖南、上海、武汉等少儿图书馆都经常对在校学生进行图书馆利用的辅导，并吸收学生参与图书馆用户服务工作的管理，让他们从理性到感性认识上加深对图书馆的了解。

（二）指导学生多读书、读好书，营造健康的校园文化

现代社会，青少年的阅读能力下降，阅读兴趣淡薄已是普遍性的现象。在我国改革开放环境中成长起来的青少年，思维活跃，求知欲强，好奇心重，但认识能力低下，是非观念不强。随着改革开放的深入，中外文化、经济相互融合渗透的情况下，指导青少年多读书、读好书是图书馆的重要任务。图书馆要对用户进行阅读指导，用社会主义、爱国主义、集体主义和科学文化知识占领青少年用户的思想文化阵地，营造健康的校园文化，让广大青少年在奋发向上、努力进取的氛围中健康成长，是图书馆义不容辞的职责。

（三）扩大服务工作的科技含量，提高和丰富学生的知识结构

当前高新科技的世纪，是电子技术的世纪。在校学生正是 21 世纪经济建设的主力军。为了适应时代的要求，各个国家都十分重视人才的培养。培养

人才，学校固然肩负重担，但图书馆作为重要的社会教育机构，是学校教育的延伸和延续，利用现有的电子技术和力量，配合学校教育提高和丰富学生的知识结构是责无旁贷的。

四、为乡镇企业经济建设服务

（一）科技兴农，为村民开辟多条致富之路

生活在城郊乡镇的用户由于受到时间和空间的限制，无法经常到路途远的图书馆获得信息，为了开拓多种致富之路，他们希望依靠科学技术提高经营效果。但目前大部分乡镇的文化设施落后，信息不灵之苦使远离市区的村民渴望着那里能有块"文化绿洲"。把用户服务领域延伸到乡镇，将文献信息送到田间果园，是新时期图书馆用户服务工作中又一新举措。

江苏省图书馆、广东的东莞、南海等图书馆把书送到乡村田头，指导村民进行科学经营管理，深受欢迎。广州图书馆与多个乡镇政府联合建立图书馆，无偿提供图书，把乡镇原来一些供奉祖先牌位的祠堂变为拥有一定藏书规模，专人管理的知识殿堂。很多馆藏的农业类文献资源得到了充分利用，收到了很好的社会效益和经济效益，得到了社会的充分肯定。

（二）科技兴企创效益，知识信息是最大的生产力

图书馆收藏各种载体的文献是社会信息资源的宝库，把宝库中浩渺的信息和知识开发出来，为企业生产决策活动提供服务，是知识经济时代向图书馆提出的要求。图书馆为跟上信息时代的步伐，在用户服务的意识上遵循了"用户至上，服务第一"的宗旨，并在用户服务的深度、广度上不断改革、创新，拓展服务新领域，为经济建设和精神文明建设作出了很大的贡献。

近年来图书馆对馆藏文献不断进行开发、加工，建立各种数据库，做出了卓越的成绩。

第五节　网络环境图书馆用户服务工作的转变与深化

网络环境促进了图书馆工作的变革，拓宽了图书馆的信息服务渠道及服务范围，从而对图书馆的用户服务工作提出了新的要求。面对新的机遇和挑战，如何更新观念，改变传统的用户服务模式，拓宽服务领域，深化服务层次，充分运用现代化的手段全方位、高效率地为用户服务，是图书馆用户服务工作需要探讨的问题之一。

一、网络环境下图书馆用户服务工作的特点

用户服务工作是图书馆的基本职能，也是图书馆一切工作的出发点和归宿。网络技术的飞速发展对图书馆的用户服务工作产生了巨大的影响，使图书馆用户服务工作的内容及方式也发生了变化，主要表现出以下一些特点。

（一）文献信息资源更加丰富

现代科学技术的发展促使新的文献信息载体不断产生，使得图书馆的馆藏结构发生了很大的改变，图书馆的用户服务方式也随之越来越丰富。在网络环境下，图书馆的馆藏文献信息资源主要由两部分组成：一个是现实馆藏文献信息资源，另一个是虚拟馆藏文献信息资源。现实馆藏文献信息资源包括了传统馆藏和数字馆藏两部分，即以印刷型实物载体的形式存在的图书、报刊等文献，以及经过数字化处理，存储在磁带、光盘等载体上的电子文献。虚拟馆藏是指利用计算机系统在网上搜集整理出来的文献信息资源。

（二）图书馆服务模式开放化

在网络环境下，图书馆的服务模式已经超越时空界限，形成了新的开放

型的服务体系，用户可以利用网络随时随地浏览图书馆的资源，不再受开馆闭馆时间的限制，用户数量也不会受阅览室空间大小的限制同时，图书馆也由原来的以馆藏为中心的服务模式变为以用户为中心的服务模式，最大限度地满足了用户的需求。

（三）图书馆服务对象社会化

传统图书馆的用户服务工作主要是针对到馆用户提供服务，而在网络环境下，人们可以通过网络方便地获取所需要的文献信息，足不出户就可以充分利用图书馆的信息资源，只要是具有阅读能力、能从事阅读行为或具有阅读取向的社会成员，都可能成为图书馆的用户。因此，图书馆的用户服务对象就辐射到社会人群的各个层次和方面，既包括现实用户，也包括网上虚拟用户，使网络环境下的图书馆用户具有明显的非固定性、非结构化特点。

（四）图书馆服务方式多样化

传统的图书馆文献资源主要以印刷品为主，服务模式也主要是以馆内文献阅览、图书借阅为主，服务方式比较单一。而在网络环境下，图书馆通过利用网络资源，由静态的物理空间变成一个动态的虚拟空间，由封闭到开放，使得用户可以在任何地方、任何时间，通过电子邮件、文件传输等方式获取图书馆的文献资源，实现了图书馆的远程化服务。

二、图书馆用户服务工作的转变与深化

（一）加强信息资源建设

文献信息资源是开展用户服务工作的基础和保障。只有不断加强、完善文献信息资源建设，才能更加有力地为用户提供全方位个性化的服务。

1. 加强文献资源建设

由于印刷型文献具有其他类型的文献信息所不具备的特征和优势，在很长时期内仍然是图书馆信息资源中最重要的部分。传统的印刷型文献是满足用户信息需求最直接、最基本的信息资源。网络环境下的图书馆信息资源主要由印刷型文献资源、电子文献和网络信息资源构成。网络环境下，在大力开发电子资源、网络资源的同时，仍然需要做好印刷型文献信息资源的搜集、整理和建设，同时编制各种可检索的二次文献，方便用户查询。

2. 加强数据库建设

数据库是网络信息资源组织的主要形式。图书馆只有依托丰富的文献资源优势建设一些特色数据库，才能为用户提供优质、高效的知识信息服务。要针对学校或科研机构的教学科研需求和本地区政治、经济社会发展的文献信息需求，以及图书馆的文献资源、人力物力的现实条件，大力开发一批具有本馆、本地区特色的数据库，从而满足来自各个方面的用户需求。

3. 加强网络信息资源建设

网络信息资源是以数字化形式记录，以多媒体形式表达，通过网络传递的各种文献信息，网络信息资源是互联网上可以利用的各种信息资源的总和。由于网络信息资源数量庞大且没有经过严格的编辑和整理，具有信息资源的无序性，从而形成了一个复杂的信息世界，给用户及用户选择、利用信息资源带来一定的困难和障碍。因此，在网络环境下图书馆应该对下载的网络信息资源按照一定的主题进行分类、整合，引导用户方便快捷地检索到所需要的信息。同时，图书馆还应对馆藏实体文献信息资源进行标准化和规范化整理，以便于全球性的文献信息资源共享。

（二）强化服务意识，提高图书馆专业人员的整体素质

图书馆员是文献信息服务工作的主体，是知识创新的推动者和知识应用的传播者。信息网络化的发展，为每一位图书馆管理人员提出了新的挑战。如何更好地利用图书馆的文献信息资源和网络信息资源为用户提供有效服务，不断提高图书馆员自身的业务素质是转变和深化图书馆用户服务工作的关键。

在网络环境下，图书馆员不仅要熟练掌握图书馆基础业务知识，还需要掌握计算机网络知识，了解如何使用各种数据库，熟练使用图书馆的各种服务软件，能独立解决网络信息服务中产生的一些问题等。同时还能对网络信息进行捕捉、鉴别和筛选，并及时提供给用户。

图书馆员还应具备一定的英语水平，以便捕捉、整合网络上的国外信息资源。因此，图书馆员要能够适应网络环境下的用户服务工作要求，就应该不断吸收更新知识，掌握现代化的图书馆服务技能，提高用户服务工作的质量。

（三）为用户提供个性化、全方位的信息服务

在网络环境下，图书馆应该树立以现代信息技术为依托，以用户和用户为中心，以知识服务为重点的服务理念，为用户提供全方位、个性化的信息服务。个性化信息服务是以用户需求为中心，利用数字图书馆信息资源，通过网络传递而开展的有效的、分层次的多种类型的信息服务，主要有个性化检索服务、信息推送服务、信息导航服务等。同时还要扩大服务范围，可以通过设置流动服务点、延长服务时间、开展用户活动、举办知识讲座、开展网络交互服务等多种服务形式，为用户提供教育性、学术性、娱乐性，多方面、全方位的信息服务。

（四）加强网络参考咨询工作

网络环境下，用户对图书馆的参考咨询服务无论在服务范围还是服务方式上都提出了更高的要求。面对日益增长的用户需求，图书馆应该转变和创新服务理念，建立新的服务机制和服务模式，不断创新参考咨询工作的内容、方式和方法。要树立以知识服务为主的创新服务理念，将参考咨询服务工作的重点从传统的文献咨询服务转移到适应网络条件下的高层次参考服务上来，不断增强网络信息咨询服务意识，不断丰富网络信息服务内容，不断探索和拓展网络参考咨询服务工作的内涵和外延，为用户及时提供集成、多样、动态的数字化参考咨询服务。

第四章 现代图书馆数字化建设与用户管理创新

第一节 数字图书馆用户信息需求与服务管理

信息需求是用户在一定的客观环境下，向往获得某种知识或信息，因而产生的对信息的探索和利用。这种探索和利用是以用户的需求目的为出发点，以适用信息的获取为归宿。取得适用信息的过程，就是满足用户信息需求的过程。

一、数字图书馆用户的信息需求

（一）信息需求的性质

1. 信息需求是一种个人需求

信息需求是一种个人需求的反映，用户时常为了达到个人的某种目的，而产生利用信息的需要，例如：为提高个人知识水平、为解决工作或科研中的问题，或为了丰富业余文化生活等。由于用户的水平和目的各不相同，因而所需要的都是个人特定的知识或信息，也就是说，用户只需要适合自己的修养水平和使用目的的知识和信息，这种需求带有很强的个性色彩。

2. 信息需求是一种社会需求

人类的知识、信息交流是一个庞大的社会系统。作为人类知识、信息交流方式之一的信息活动和信息需求，必须放在社会这个大系统中去认识和研究，才能揭示其规律，作出正确的结论。用户作为一个社会的人，其信息需求总是在一定程度上反映了社会的政治、经济、科学、文化发展的需要。用户的信息活动本身就是一种社会活动，社会活动的实质是实现人类知识、信息的社会交流。用户所需信息的内容，对信息的选择和评价，都直接或间接地受一定社会的影响。用户利用信息后所产生的效果，例如，新思想的产生、新的发明创造等，又会反作用于社会的生产和生活，对社会的政治、经济、文化起一定的促进作用。

（二）数字图书馆网络用户信息需求的特点

数字图书馆网络用户是由其行为方式组成的客观群体，上网目的是获取互联网上的信息，解决自己工作或学习中的问题，强化自身知识结构，提高科学技术水平。网络信息用户与上网游戏或聊天的网民是有区别的。

1. 用户结构广泛化

数字图书馆网络用户不仅数量增长很快，而且结构呈现出广泛化趋势。以往网络用户主要是教学人员、科技工作者及技术人员，现在网络用户已扩大到各行各业、各种文化层次的人员。随着家庭拥有计算机的增多和网络的普及，网络不仅包括上班族，还包括家庭成员，老人、孩子等也成为了网络用户，用户群呈现出广泛化趋势。网络用户的本质是使用互联网的个人，是一种个人行为，是利用互联网获取和交流信息的个人。数字图书馆网络用户使用互联网一般是个人进行，即使集体上网，也保持着个体的个人需求。数字图书馆网络用户的数量庞大，而且增长迅速。

2. 用户需求多样化

网络环境下，传统文献不再是主要的信息源，电子型、数字型文献的应用增多。由于科技的发展和市场经济的需要，用户迫切需要内容全面、类型完整、来源广泛的知识信息，要求针对他们的科研、生产或学习提供综合性、全程性、系统性的信息服务。用户需求表现出多样化、综合化趋势，对传统文献的需求与声像文献、电子文献的需求并重；信息需求向电子化、数字化、网络化信息资源的方向发展；信息需求呈现出全方位、社会化趋势，不仅需要科学、技术研究所需要的信息，而且要求有关社会和生活方面的各种信息，信息需求从数量型向质量型转变。

3. 信息渠道多元化

数字图书馆网络信息用户获取信息的渠道呈现多元化。例如：可以通过搜索引擎或点击相关的网站来获取有关的信息；也可以利用各种类型的数据库（如书目数据库、全文数据库、联机数据库、专业数据库等）来查找信息线索或信息来源；还经常从各种电子出版物（如电子期刊、电子报纸、电子图书等）中获取自己专业或业务方面的有用的知识、信息。

4. 信息交流非正式化

传统用户主要是到图书馆来借阅书刊，正式交流是进行信息交流的主要手段。而在网络环境下，非正式交流逐渐成为信息交流的主要手段，电子邮件、网络会议、电子公告栏等网络信息发布方式得到广泛应用。通过这些非正式交流手段，网络用户之间，以及用户与网络服务机构（包括图书馆）之间，可以进行多方面的信息交流。

用户在获取信息资源时，除了考虑地域上的就近原则和自己较熟悉的信息系统，更要考虑用户界面是否友好、方便、易用，如果界面复杂，与用户的交互性差，用户使用时要花费较多的时间，就会影响用户使用的积极性。价格是否便宜、合理，也是影响用户信息行为的因素之一。数字图书馆网络对信息用户的综合素质要求较高，他们不仅要掌握网络信息技术，还要有较高的思辨能力和分析能力，才能从纷繁复杂、良莠不齐的网络信息中，筛选和吸取真正符合自己需要的有用信息。

二、图书馆用户服务管理

（一）不同类型用户的图书馆服务管理

1. 学习型用户服务

学习型用户指在校学习的学生、自学考试的学生、为胜任工作而继续学习的人，以及为了某种爱好而进行学习的人。不断获取知识、更新知识积累知识与创造新知识，是学习型社会的显著特征。图书馆应该努力为营造学习型社会服务。

图书馆可以为学习型用户提供阅览室、教材范本（指适用教材，用户自己购买）、高等院校目录、各高等院校招生简介、教辅资料。给用户导航，让他们知道如何获取有关学校的信息、如何获取有关教材与辅助资料的信息，业余爱好者如何学习、向谁学习、向什么方向努力等。可以帮他们拟订学习计划，指出获取相关知识的书店与网站，让他们能够轻松地学习。

图书馆为全民学习、终身学习服务。图书馆馆员应积极为自学者、继续教育者、专题爱好者、课外学习者到图书馆来学习或获取资源提供帮助和服务。对于来馆学习的人，图书馆馆员要当好辅导员、服务员、导航员与教员。图书馆还可以与有关部门合作开展就业指导、就业信息服务、远程教育服务、函授教育服务、自学考试服务等。

2. 考试型用户服务

考试型用户指利用图书馆通过考试的用户。一般考试型用户考试在即，时间紧张，需要有安静的学习环境，他们的目的单一明了。现代化的社会，人们要经历很多考试，如在校学习期间的各种考试、参加工作以后的资格考试、证书考试职称考试等。

图书馆对考试型用户的服务主要是提供三个方便、两种信息。三个方便指的是有阅览空间、有对路的辅导材料、有讨论问题的场所；两种信息，即教育信息和政府信息。公共图书馆为在校学生提供的考试服务不多，但是为社会各界人士的继续学习及其考试服务是义不容辞的。考试型用户众多，各级各类图书馆应为考试型用户服务，服务面广，做好这项服务意义很大。高等院校图书馆为本科生、硕士生和博士生撰写学位论文或毕业设计提供服务，提供网上提交论文服务，提供学位论文网上浏览服务，提供各种考试试题及其标准答案考试模拟试题与答案。

3. 学术型用户服务

现在国内很多图书馆配备了学科图书馆馆员，专门进行专业化的服务。学科图书馆馆员素质较高，他们一般具有硕士及以上的学历，具有敬业精神，对于某个学科的文献、学术动态、研究的热门课题、学术前沿问题、重要知识信息源等比较熟悉，可以开展符合用户需求的服务。学术型用户获取知识信息的目的是满足学术研究的需要。他们对于文献资源的利用偏重于某一个学科，对于文献资源的要求，具有一定的专业性与学术前沿性。图书馆对于学术型用户的服务一般是开架借阅。图书馆开馆时间较长，有电子阅览室供用户检索文献。图书馆为这类用户的学术研究配备了良好的基础设施，投入了大量的经费，知识信息服务条件较好，一般表现在：图书馆实行全流程计算机管理；提供全开架借阅一体化服务。为方便学者获取资源，实行书刊借阅"通借通还"服务，网上预约、送书上门服务，使学者足不出户即可享受其他图书馆的文献资源。提供信息检索与查询服务，开展馆际互借，进行用户教育及培训，开展课题咨询与代检代查服务及原文传递服务，为学者提供各类文献的打字排版、复印、胶印服务，以及音像制品的复制等服务。

4. 科研型用户服务

图书馆为科研型用户服务，最好能选择具有某课题知识的图书馆馆员，鼓励他们参与服务用户课题组的研究，及时掌握课题研究的进度与动态，及时提供课题研究所需要的文献资源。科研型用户研究有所专攻，主题突出，他们需要了解国际、国内的研究动态，需要了解相关课题的研究资料，希望自己的研究有所突破，研究成果得到社会的承认。图书馆应该实现全天候不间断地为课题研究者服务，提供如下服务：馆藏查询，国内外数据库检索，学科信息导航服务，期刊论文全文传递服务，网络化流通续借服务，图书预约及情报服务，随书光盘的网上阅览服务，个人图书馆建设服务，多媒体视频点播服务，馆际文献资源的传递服务，文献资源收集与整合服务，国际国内大型学术会议信息，专利资料、新书信息的服务，国际、国内的文献资源交流与合作服务，特藏资料服务，建立科研档案等服务。

5. 生活型用户服务

对于生活型用户的知识信息服务，社区图书馆与公共图书馆、乡镇图书馆、街道图书馆、企业图书馆比较注重。生活型用户关心衣食住行与保健烹调、美容、房屋装潢、书房设计、商品知识、保健、卫生、家庭管理、旅游知识、盆景养殖服装裁剪、恋爱、婚姻持家教子、语言知识、心理健康、和睦友谊、政府信息、人际关系等方面的文献资源。图书馆可以把这类图书陈列出来，让用户在阅览室自由地阅读。为方便用户，应扩充知识信息服务内容，组建文化服务部，开展图书租借、报纸阅览、磁带复制、视听播放等文化工作，丰富用户生活，营造文化氛围。图书馆的生活型服务可以多种多样，如展览、讲座、放录像带、生活沙龙等。

6. 商业企业生产型用户服务

图书馆为重点教育科研与生产单位服务，为经济活动服务，为企业提供知识信息服务。商业企业生产型用户，指用户获取知识信息的目的是为商品化生产与销售服务。商业企业生产型用户从事商业活动、企业生产活动等他们需要市场信息、同行业企业的信息、产品信息、消费者信息、科技动态、标准信息、企业信誉信息、股票信息、政府信息等。

一般来说，大型商业企业有自己的图书馆与信息所，其中收集了丰富的行业文献与信息，有先进的信息收集分析、加工能力，有技术、有设备。他们的图书馆馆员、信息员具有本行业的专业知识。他们了解国内外本行业的数据库，可以检索到本行业企业的数量、规模产品、质量、资金周转率、股市行情、市场占有率、企业信誉度及政府信息。非专业性企业知识信息服务的对象，主要是那些小商业、小企业，他们没有自己的图书信息部门，需要依托地方公共图书馆代为服务，图书馆应该善于服务，特别是善于辅导，让他们学会使用图书馆，获取自己所需要的知识信息。大型企业往往要利用其他图书馆，弥补自身文献资料的不足。各个图书馆应该积极满足他们的需求，以发展我国经济服务。

7. 消遣娱乐型用户服务

19世纪英国的工业化产生了社会休闲文化。大工业改变了人们田园诗般的生活，人们从大自然里走出来，在城市里过着模式化的生活。在密集化的楼群中、模式化的生活里，泡图书馆，把思想放在文字符号、数码符号、音响图像中，成为人们休闲的一种手段。从吸纳大自然的灵秀为休闲，到让思维神经的运动为休闲，这样图书馆文化与休闲文化就连在一起了。消遣娱乐型用户在休闲时间到图书馆来翻阅期刊报纸，使工作状态的氛围得以缓解与松弛，从心理上得到休息。图书馆服务策略应适应休闲文化的需要，开辟知识信息服务的新领域。

知识信息服务策略应适应新时期人们休闲文化的需要，调整服务理念，调整服务部门，调整服务时间，调整服务内容，安排图书馆工作人员定期或不定期地举办各种有针对性的服务，如音乐欣赏、名画欣赏、文物展览、名人文化讲座、书法展览、藏书展览、邮票展览、古旧图书展览、音乐会等，不断提高人们的人文素质与文化内涵。通过用户俱乐部、用户协会等群众性组织，提高人们的社会参与意识与社会交往能力。图书馆可以利用网站、BBS、E-mail 将休闲文化引入每个家庭。知识信息服务走入社区，充分发挥图书馆的信息枢纽职能为社会服务，如为旅游行业提供信息服务、组织信息沙龙等，以休闲的方式为繁荣地方经济服务。

随着我国社会经济的发展、百姓生活的富足，人们休闲的时间会更多，人们会创造许多新的休闲方式。图书馆应该善于收集人们休闲的各种要求，发现比较好的休闲方式，利用图书馆的有利条件，推广与组织休闲文化服务。休闲文化活动不是生活的点缀，而是一种趋势、一种时尚，我们必须予以重视。

（二）图书馆服务管理的主要内容

1. 视听服务管理

视听服务包括学习性视听和休闲性视听。学习性视听主要针对少年儿童和学生。为了加强阅读效果往往配以视听资料，如神话故事、科普知识、历史故事、英雄故事、成语故事。学生学习外国语，到图书馆来利用外语音像资料。为满足用户的视听需要，图书馆需要拥有一定量的视听磁带、录像带、光盘。用户还可以通过网络选择使用他们所需要的视听资源。休闲性视听的主要服务对象是成年人与退休人员，他们到图书馆看录像带、联网看电影、欣赏音乐、名画、名模。图书馆应该提供健康的、知识性的、资料性的视听资源。

2. 文献增值服务管理

文献是有生命力、有价值与使用价值的。文献经过整合与更新，可以提高其原有的价值与使用价值。图书馆应该有专人、专门业务设置，开展文献增值服务，形成知识供应链的思想，长期为用户服务。图书馆常见的文献增值服务有：编辑专题论文索引、编辑图书目录编写书摘编写文摘、撰写专题研究综述、代用户翻译论文、代建数据库、编辑个人年谱编纂某类文献综录校勘书稿、注释书稿、为政府部门汇编资料、为决策部门撰写专题述要、为研究所编辑连续性专题报道、为经济团体收集或提供数据等。

3. 馆际互借服务管理

馆际互借说明了资源共享的重要性。本着相互合作、平等互惠的原则，图书馆开展与国内外图书馆之间的馆际借阅服务。馆际互借服务管理需要做好以下一些工作：开展馆际互借需要有相应的技术专家，工作人员应具有使用新技术的能力，有地方与国际馆际互借的经验。馆际互借的硬件与软件必须更新鼓励用户提出获取电子版文献的要求，终端用户可以利用馆际互借程序，保存电子化申请的记录。馆际互借用户注重利用馆际互借专家系统并要注意填写表单。申请借书的图书馆要认识到馆际互借是一种图书馆服务协作行为，要向用户介绍馆际互借新技术。指导用户检索联合目录，快速处理用户的要求，以丰富的经验选择借书的图书馆，遵循图书馆稀有资源出借的条件。尽快将资料传递给用户，尽可能传递电子版资料。提供资源的图书馆要安排有经验的馆员收集资料，减少服务的差错，使用快速传递方法，以尽可能的方式统计互借的要求。

4. 阅读推广服务管理

图书馆要广泛开展读书活动，组织读书的有关活动。图书馆要组织用户读书、评书、推荐好书，例如，在世界读书日、中国的曝书节（农历六月初六）组织声势浩大的活动，交流读书经验；可以利用多媒体软件鼓励用户学习阅读就读过的书进行对话；推荐书房建设经验，参观著名的书房，参观优秀的图书馆文献，特别是一般情况下难以看到的文献；设立大奖，奖励在读书活动中有杰出表现的人。图书馆要组织志愿者开展扫盲工作，扫盲工作的内容包括识字、基础英语知识、上网与计算机应用基础知识，特别是在文化程度低、经费少、居民成分复杂的社区，要组织志愿者，对于该区的老人、孩子、妇女、缺少信息获取能力的人进行培训或辅导，让他们能够看书读报、上网；讨论世界优秀新书、中国优秀新书，中国传统文化必读图书，拟订推荐书目；在当地报纸上开辟专栏，供用户发表文章，讨论问题，组织主题活动，形成良好的阅读文化。阅读活动对于打造学习型社会有良好的推动作用。图书馆馆员为书香社会、书香家庭的建设服务，广泛开展新书导读新书推荐、名作欣赏、书刊导读、互动之窗、读书周、新书展览、善本书展览、家庭藏书、书房建设、读书俱乐部等活动。图书馆馆员要把知识信息服务与社会的文明进步结合起来，把知识信息服务与每一个人的生活结合起来，把知识信息服务与社区的繁荣、祥和的生活环境结合起来，使图书馆成为人们生活中的重要纽带。

5. 数字参考服务管理

数字参考服务是基于因特网或者 Web 的服务机制。用户以 E-mail、Chat、Web Form 等方式提问，请求网上的"信息专家"给予回答，信息专家以电子的方式解答用户的问题。数字参考服务的最新发展是合作化数字参考服务，由多个成员机构联合形成一个分布式的数字参考服务网络，面向广大的网络用户提供数字参考服务。多项关于数字化参考服务的指南与标准已经出台，例如，虚拟参考桌是美国教育部项目，旨在开发一个标准、大型的虚拟参考服务 CDRS，它向 VRD 看齐，还有 K12 数字参考服务信息专家指南等。数字参考服务管理的重点就是认真研究、贯彻执行这项指南和标准以便更好地做好数字参考服务。

第二节 现代数字图书馆用户管理模式与创新

在数字信息资源快速增长，数字化技术、数字化信息资源的采集、组织与检索技术、数字图书馆建设技术日益成熟的今天，如何使数字图书馆在资源共享、知识产权保护和系统运行效率之间找到一个适宜的结合点，并使数字图书馆的信息服务在满足一般用户普遍需求的基础上，能面向用户多元化、多层次的需求，提供主动的个性化、智能化信息服务，已经成为数字图书馆发展建设必须解决的重要问题。

一、数字图书馆用户管理模式

（一）IP 验证加防火墙隔离的管理方式

所谓 IP 验证加防火墙隔离的方式，是指通过采用 IP 层加密技术来验证登录网站的计算机 IP 地址是否合法，并用防火墙技术将内部互联网与因特网隔开的方法，从而来保证信息安全和商用信息资源的知识产权。这种方式的优点是便捷，系统运行效率高，能有效解决商用信息资源的知识产权保护问题；缺点是受 IP 范围的限制，给一些 IP 范围以外的用户和图书馆的正式用户在 IP 限制的范围以外使用信息资源造成了障碍，不能最大限度地挖掘数字图书馆信息资源的利用潜力。

（二）用户认证加访问授权方式

用户认证是系统给每一个合法用户提供一个唯一的用户标识符，并提供一种验证手段来确认登录用户的合法性的技术。验证的手段一般有口令、密码、签名、指纹等，其中口令认证是最常用的手段。访问授权是指用户的身份通过认证后，系统确定该用户可以访问网站的哪些资源以及可以通过何种方式进行访问操作的技术。系统一般是通过在数字化资源上附加访问控制表来处理访问授权问题的。用户认证机制最大的优点就是可以使数字图书馆网站的用户超越其内部互联网的物理范围的限制，在因特网空间访问和获取数字图书馆的信息资源，从而较好地协调数字图书馆信息安全、知识产权与用户服务之间的关系。

从上述两种用户管理的基本模式中可以看出，对于数字图书馆来说，用户管理基本上是依靠 Web 服务器来完成。也就是说，Web 服务器就是用户管理的唯一屏障，只要突破这一层障碍，数字化资源几乎就可以不受约束地得到访问。这显然不是用户管理的最终目的。

为此，在用户与 Web 服务器之间建立一个中间层，即用户管理服务器。由它来完成用户身份的认证、用户的增删等工作，则整个数字图书馆系统在用户管理方面的安全性将大大增强，从而也减轻了 Web 服务器的负担。数字图书馆的用户管理模型如图 4-1 所示。

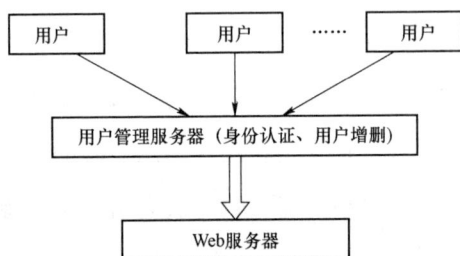

图 4-1　数字图书馆的用户管理模式

在这个模型中，增加了一个专门用于用户管理的服务器，来实现用户管理中的各种功能，包括用户身份的认证、用户公钥私钥对的分发、用户数字证书的生成、用户的增加删除等。用户在用 Web 服务器进行查询之前，必须要先与中间层即用户管理服务器进行身份认证、合法性检查等工作，在检查、认证获得通过后，才能进行下一步的查询操作。

这一模型的实现，增加了用户身份认证的准确性。由于用户的增加和删除、用户数字证书的生成与分发都是在用户管理服务器上来进行的，所以用户的合法性检查及认证过程可以得到用户管理服务器很好的控制，这样可以从最大限度上保证合法用户的利益。从而可以限制非法用户对系统的访问。

这一模型同时缓解了 Web 服务器的压力。对于 Web 服务器而言，由于直接面对的对象并不是用户而是用户管理服务器，Web 服务器的安全压力也会有所减轻。而且，由于整个数据的传输、交换过程都可以得到用户管理服务器的支持，数据的安全性也可以得到保障。一是可以缓解 Web 服务器在用户管理方面的压力；二是可以缓解 Web 服务器在数据传输等方面的安全压力。另外，对数字图书馆而言，在实现这一模型时，并不需要进行太多的硬件投入，只需要增加一台专门的服务器，便可以从整体上提高系统的安全性，最大限度地保障作者、图书馆及用户的合法权益。

二、现代数字图书馆管理创新

（一）数字图书馆的创新管理理念

信息化环境的形成、数字化技术在图书馆的应用促使图书馆的管理理念发生了较大的变化。数字图书馆管理必须吸收、借鉴现代管理理论发展的成果，采取科学合理的管理机制。数字图书馆的建设正成为热潮，许多国家和地区已启动"数字图书馆工程"。例如，美国数字图书馆的研究就是由高校牵头，依托高校技术上的优势，在发展上走的是技术主导型模式。

数字图书馆规划建设过程中的各项管理手段与管理方式，对提升数字图书馆的运行效率起着至关重要的作用。这就要求数字图书馆管理者首先得更新观念，确立全新的管理理念，以适应知识经济时代的管理革命。

1. 集成管理理念

集成管理理念是一种全新的管理理念与方法。所谓集成是指某一系统或某一系统的核心把若干部分、要素联结在一起，使之成为一个统一整体的过程。集成管理可以理解为构造系统的一种理念，同时也是解决系统复杂问题、提高系统整体功能的重要方法，是一种能对发展变化做出快速响应的新型管理方式。从管理角度来说，集成是一种创造性的融合过程，只有对构成一个系统的要素进行主动的优化、选择搭配，相互之间以最合理的结构形式结合在一起，形成一个由适宜要素组成的、优势互补的有机体，才能被称为集成。其本质是一种竞争性的互补关系，即各种要素通过竞争冲突，不断寻找、选择自身的最优功能点，在此基础上进行互补匹配。

数字图书馆集成管理，实质上就是将集成思想创造性地用于数字图书馆管理实践的过程，其核心就是强调运用集成的思想和观念指导数字图书馆的管理实践，实现信息技术、信息资源、信息规范、人力资源等各种资源要素的全方位优化，促进各项要素、功能和优势之间的互补与匹配，从而最终促进整个管理活动的效果和效率的提高。数字图书馆集成管理应达到以下主要目标。

（1）运作的统一与合作

其一，用户界面是统一的。不管软、硬件平台如何变动，用户均可通过统一的界面检索到所需信息。其二，图书馆内部虽有复杂的分工，但就目标管理体系而言它们应该是一致的、协调的。其三，数据库建设的合作和统一。数字图书馆在各种信息数据库建设中，除遵循优胜劣汰的市场规律外，还需要讲求统一、合作。标准的统一和目标的统一是合作的前提。"统一"可以预防重复和浪费，可以避免图书馆"自动化孤岛"的形成，而"合作"则能提高信息生产力和工作效率，进而获取总体效益的提高。

（2）创建开放而富有弹性的网络结构

在互联网迅猛发展的环境下，我国不少图书馆竞相发展自己的网络系统，形成了一个个独立的计算机应用系统。由于互不沟通，重复组网、重复建库现象严重，使大量冗余的信息重复存储在各馆的系统内。因数据格式、标准体系等的不同，加上信息服务能力的差异，不能实现各馆系统资源共享，形成了一个个"数据库孤岛"。

在当今网络环境下，图书馆的业务活动社会化是必然趋势，这就要求图书馆全员协作，形成一个不断更新、自我完善的良性循环机制。要创建一种交互式、立体型网络结构，成员共同在网络中心建立并享有一个或多个数据库，使信息不但可以顺利地自上而下、自下而上地纵向传递，还可以进行馆与馆之间的横向传递。这样由成员馆定期向中心馆提供自己的馆藏信息，联机查询自己所需的各种信息，实现图书馆网络联机编目、联机检索等目标，成功实现馆际合作，既方便了用户，也节省了资源。与此同时，自动化网络系统避免了各图书馆重复建库与数据库积压的状况，增强了图书馆对外部环境的适应性。

（3）形成柔性化的发展战略

发展战略是指导图书馆行为的总纲，既制约图书馆未来的发展趋势，也为图书馆确立了今后的努力方向。计划经济时代的图书馆发展战略往往表现出较强的刚性，一经制定便难以更改，并且一旦变更所造成的损失也相应较大。这种刚性战略已不能适应当前形势的要求。采取集成管理，增强发展战略的弹性即战略柔性化，可以满足不同集成对象的要求，达到相互协调、协同并进、整体优化的目的。所以说战略的柔性化是启动数字图书馆集成管理的必要条件。

2. 创新管理理念

创新管理应以先进的信息技术和管理技术的应用为手段，以促进图书馆管理全面创新为着眼点，整合和再造图书馆业务流程、组织结构、管理模式和服务方式，实现图书馆文献信息资源数字化、服务方式网络化和检索手段的智能化，为加快数字化、信息化发展，奠定现代化的管理基础。

（1）业务流程重组和组织结构的创新

创新是未来管理的主旋律。管理创新就是要运用企业过程再造管理技术，对图书馆业务流程进行整合和再造，带动组织结构和管理模式创新。图书馆业务流程重组即指创造性地运用信息技术，打破常规，对业务过程进行彻底的再思考和再设计。图书馆实施业务流程的再造，必须打破原有的业务工作框架，在业务工作程序上有所创新。

第一，以馆藏为核心的业务流程重组。随着馆藏重心的变化，应当重新审视图书馆的业务流程，并据此重新组织图书馆的业务工作部门。

第二，以管理为中心的业务流程重组。现代图书馆的自动化程度越高，对自动化系统的维护和管理要求也就越高。系统的管理已成为图书馆的核心，以此为中心重组图书馆的业务流程。

第三，以服务为中心的业务流程重组。现代图书馆馆藏信息资源既有传统印刷型文献资源，又有经过数字化处理的数字资源和通过网上收集整理的网络资源。现代图书馆的主要任务就是提供信息服务，因此要实现以服务为中心的业务流程重组。

（2）管理手段的创新

网络环境和数字图书馆的发展为现代图书馆的信息资源管理、开发和利用创造了有利的条件。图书馆作为知识和信息搜集、整理、存储、传播的重要基地，已成为科学系统链中一个重要环节，也成为知识创新的重要环节。因此图书馆不仅需要开发人类长期积累起来的静态文献信息资源，更要注重收集、开发最新产生的即时性和跟踪性的动态信息资源，提供静态与动态相结合的服务。这样才能满足用户，特别是科研型、决策型用户的信息需要。

数字图书馆的馆藏资源既包括图书馆的现实馆藏，又包括图书馆以外的各种有价值的虚拟馆藏。计算机联机检索要比手工检索灵活便捷，功能也增加了很多，但其检索方法有许多限制，给用户带来诸多不便。现代图书馆急需面向用户的智能化的检索系统，因此，数字图书馆应该做好管理手段的创新，运用先进的信息技术，实现基于颜色、纹理、形状等多特征的图像检索，基于内容分析的多媒体数据的自适应传送和浏览，通过语音导航，使用户在现代化图书馆中遨游。

（二）数字环境中图书馆管理创新策略分析

在数字化时代背景下，人们可以通过多种途径获取所需的信息资源，自互联网进入人们的生活后，人们对网络的依赖性进一步增大，在这一背景下使得图书馆的作用大大削弱，其所具有的作用无法有效地发挥出来。图书馆是藏书的主要场所，其主要职责在于对图书资料加以搜集、整理及收藏，以便人们阅览，在当代社会中图书馆起着举足轻重的作用。无论是现在还是未来，"知识就是力量，知识就是动力"这句话都是至理名言。图书馆作为人们获取知识的场所，为能够较好地满足人们对信息资源获取的要求，图书馆应创新管理工作，以积极的态度面对数字环境所带来的机遇、挑战。

1. 提高图书馆管理人员的整体素质

图书馆应强化对管理人员的教育与培训，让图书馆管理人员对最新的图书馆管理知识及操作技能加以全面掌握，并重视对管理人员创新能力及服务水平的提升。图书馆要能够具备较强的管理水平，就必须确保管理人员具备较高的素质，并进一步提升图书馆的数字化。随着技术更迭速度的加快，信息的传播与获得呈爆炸性增长，创新成为出版产业的核心竞争力。

2. 图书馆人事管理体系的创新

图书馆需要监督好管理人员的专业知识、业务能力及技术技能，加强对网络技术、数据库技术的训练，将其专业技术技能进行提升。随着社会的进一步发展，图书馆所使用的传统管理体系已发生了一定的改变。现如今，图书馆工作的主要角色已不再是图书的提供者，而是用户查询的引导者。若图书馆缺乏相关能力，将难以较好地完成自己所负责的工作。

同时，以往的终身制人事管理体系已不能够满足当前市场环境的要求。所以，图书馆应全面要求管理人员，定期对管理人员的工作效率、服务态度及业务能力等进行考核，有效地构建人事管理体系，充分发挥人力资源的价值，从而使图书馆的整体能力进行提升，使得图书馆得到更好的发展。

第三节　基于用户画像的数字图书馆精准推荐服务创新

服务是数字图书馆的本质属性，而用户的需求又决定了数字图书馆的生存，数字图书馆精准推荐服务创新要以用户需求为驱动力，关注用户的体验，真正摸清、看透、找准用户的需求，为用户提供嵌入过程的、深度的、高附加值的精准服务。对于依靠数据化认知构建的数字图书馆精准服务而言，精准意味着对用户需求形成精准对接，不仅追求用户体验，还追求更广的受众面。因此，需要利用新兴技术、数据思维、智能力量重构与用户需求相匹配的服务模式、内容和机制，形成发展新形态。为了使数字图书馆精准推荐服务能达到真正的精准性和智能化，在引入用户画像的基础上，对精准推荐服务的宏观系统层面智能配置、中观推荐层面精准匹配和微观用户层面进行精准定位。

一、数字图书馆用户画像分析

（一）数字图书馆用户画像需求

随着互联网、云计算、物联网等技术的飞速发展，各类智能终端设备的广泛普及，社会中各个行业以日为单位产生大量数据，每人每天也在产生和消费大量的数据，整个世界处在数据海洋中。大数据浪潮将我们从数据化 1.0 时代推向了数据化 2.0 时代，即智慧时代，数据成为各行各业研究的重要生产要素，成为精准化、智能化的支撑基础，各类型服务机构平台日益融汇，数字内容日趋结构化、数据化、参数化、语义化和可计算化，驱使信息的传播、发现、利用和再创造变得更加容易，全面颠覆了人们理解和应用数据的基本视角和方法。技术的变革促使数字图书馆进一步融入多模态、多样化、多来源的大数据环境中，同时，新的技术也融入了数字图书馆信息生产处理全过程，使得数字图书馆不再仅是一个收集、检索和浏览的资源存储中心，更是一个大数据平台和知识服务平台。

用户画像是指从用户角度重新规划数字图书馆服务战略，解决用户细粒度需求和图书馆粗粒度服务间不对称问题，满足"找到人—找准人—抓住人—激发人"的服务要求。用户画像通过采集用户在数字图书馆参与的具体数据，建立用户描述性标签，分类定义用户偏好内容，确定用户感兴趣维度，使数字图书馆更容易识别、了解用户，帮助用户高效快捷地触达真正想要的内容，满足为信息找到人的要求。

用户画像融合了用户基本属性、行为属性、情境属性等多维属性，通过交叉分析用户数据，关注用户行为和动机，洞悉用户获取知识的特征和规律、用户群的活跃程度及变化趋势，为其匹配更具针对性的资源，达到找准人的效果。用户画像通过跟踪把握用户需求的改变，融合具体的应用场景，将用户资源和知识创造相结合，形成用户立体画像、专业画像的有效结合，在用户的知识创造中重新理解用户，引导用户投入更多的精力和情感，建立用户对平台的信赖，满足互动沉浸式的体验，实现抓住人的目标。用户画像通过预测用户行为，帮助用户拓宽获取知识的宽度，激发用户的主动性和创造性，拓宽用户视野，产生新需求，完成激发人的任务。如图 4-2 所示。

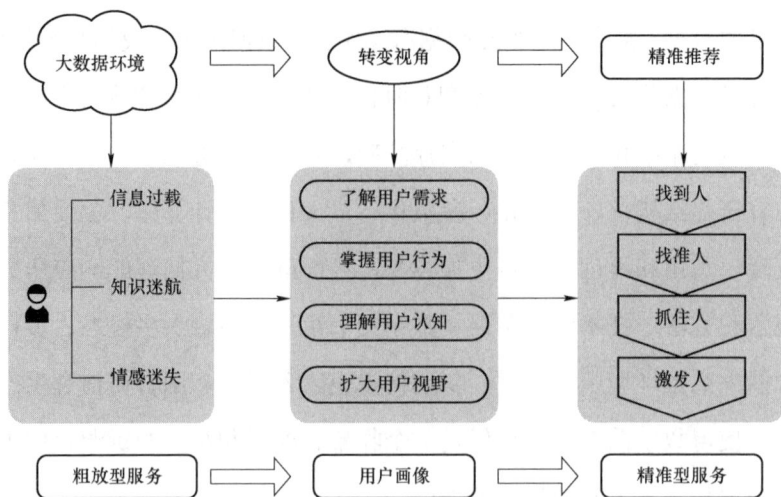

图 4-2　数字图书馆用户画像需求

在面对数字图书馆拥有的海量数据和多元服务情况下，用户逐渐陷入了知识迷航、信息过载、情感迷失等困境中，对数字图书馆服务的要求、知识内容的需求从个性化一般满足上升到精准化、碎片化、知识化的智慧层面。用户在大数据环境下知识浏览的需求程度由迷茫到清晰，用户对数字图书馆能够在海量数据中为其主动推荐、播报所需知识的要求越来越高，而不再希望浪费时间和精力在海量资源中甄别和判读信息；知识获取的需求粒度由粗转细，用户已不再满足于获取知识的多少，而是更加关注获取的知识是否能真正解决特定的问题，为其精准呈现辅助决策的内容；知识发现的需求广度由已知到未知，用户越来越希望数字图书馆能够为其推送未知的知识结构和规律，以激发其新的兴趣。环境的变化驱使用户的需求发生了变化，同时也迫使数字图书馆服务供给侧从"粗放型"向"精准型"转变。

（二）数字图书馆用户画像功能

基于对数字图书馆用户画像需求和层次分析，可以看出数据驱动下的用户画像，实现了用户、资源、服务以数据为中介的交互。用户对数字图书馆的使用行为，消除了用户数据和馆藏资源数据之间的隔阂，使两类数据产生关联。用户画像能够预测用户的行为和需求，激活数字图书馆馆藏资源在服务中的作用，是数字图书馆实现精准化、智能化推荐服务的重要手段。数字图书馆用户画像的作用方式如图 4-3 所示。

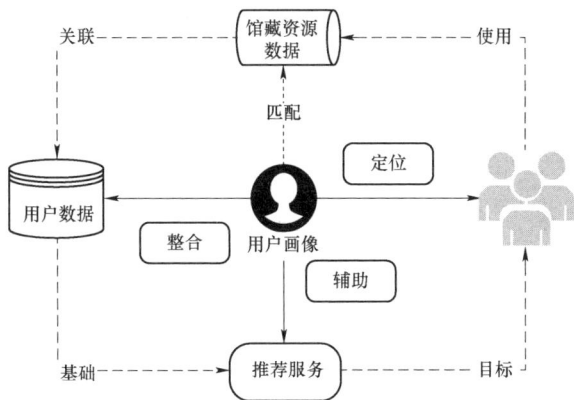

图 4-3　数字图书馆用户画像功能

1. 整合用户数据

大数据时代下的数字图书馆服务内容已不再囿于单一的自有资源，而是在不同类型机构的通力协作下，打破部门、系统间的障碍，利用共享协作服务平台为用户提供知识服务。数字图书馆用户画像是一个虚拟数据集，是对用户数字生活空间和真实生活空间的无缝衔接。用户画像通过收集用户真实世界中与数字图书馆交互产生的检索、浏览、甄别、筛选、使用、吸收、转化等行为数据，以故事的形式展示用户的需求、偏好、意愿、观点等数据后，帮助数字图书馆挖掘用户需求、感知服务市场、预测未来发展等，进而为用户推荐更为合适的服务。

用户画像正是以数字图书馆用户的跨平台多来源行为数据为基础，进行筛选、分析、关联、聚类等处理后，发现用户平台交互、服务利用、资源吸收等特征，结合用户的知识背景、近期需求、兴趣偏好等内容为用户进行推荐。用户画像从用户角度出发，分析用户的线索数据，推测内外显行为数据，获取用户使用数字图书馆接触点最高的途径，通过虚拟和现实途径实现用户数据驱动下的数字图书馆知识信息、细微服务的精准投递和播放。可见，用户画像通过整合用户数据为数字图书馆后续开展精准推荐服务奠定基础。

2. 定位目标用户

从用户角度看，用户需求画像能够帮助用户更详细的了解自身的知识需求、量化自我分析；从馆员角度看，为提升自身知识服务能力提供支持；从数字图书馆角度看，用户需求画像是开展精准推荐服务的重要环节。数字图书馆用户画像在采集、归纳、比较、整理和分析用户数据后，多维度、多层次关联用户属性特征和行为特征，构建了以用户为中心，集用户角色、行为、爱好、习惯等标签于一体的用户需求画像，实现精准定位用户。用户需求画像体现了社会中每个独立个体存在的重要性，通过可视化技术展示出用户的真实自我。个人用户画像是群体用户画像的基础，根据用户画像标签库聚类个体用户，通过用户间的互动行为分析用户间的相似度，提取偏好与行为相似的用户，形成不同特征的用户群，每个用户群有其突出特征，清晰地展现出群体间的差异。通过识别用户的长期主题兴趣、短期知识需求和动态情境变化，判定用户类别，掌握不同用户的兴趣变化、行动路线等，从而主动发现目标用户，实现数字产品与用户的精准对接。

3. 辅助精准推荐

用户画像从多维多层次描述用户特征，挖掘隐藏在交叉数据背后的价值，揭示多种数据的流动规律，形成面向不同服务领域的资源关系流动网，追踪到用户在不同时间、空间下的足迹，解释、评价用户获取知识的方式和经验，可视化呈现知识点与知识点、知识点与用户、用户与用户间的相关关系，帮助用户发现未知的知识特征，以及可能感兴趣的信息。大数据环境下，数据之间呈现着依赖、协作、交叉的关系，数据在用户、用户行为、用户所处环境的共同作用下产生交集，形成一种多维数据交叉的数据网络，每一维度的数据是用户画像的一个像素，维度越多，像素越高，画像越清晰，越能提高推荐的精准度。数据驱动下的用户画像作为沟通用户与资源的桥梁，借助标签这一有力工具，将用户的需求、行为数据与馆藏资源相匹配，辅助用户跳出繁杂信息的包围圈，反过来让适合用户的知识主动追击用户，实现在数字图书馆精准服务过程中知识导引，达到精准知识、细微服务的精细配送效果。同时，用户画像开启了一个以数据为核心牵引的用户兴趣可视化的呈现模式，透过多维可视化图表量化分析、处理、预测用户兴趣变化，以数据思维精准捕捉用户的隐显兴趣、中长期兴趣和情境兴趣，按照不同的兴趣特征推荐知识，辅助数字图书馆实现点对点的智慧化精准推荐服务。

二、数字图书馆精准推荐服务模式

数字图书馆精准推荐依托于数字化背景为用户提供不一样的推荐服务，从用户角度出发，为用户提供差异化的服务和非差异化的服务。

（一）精准推荐服务差异模式

差异模式是通过计算不同用户的特征和需求，分析、挖掘用户的行为，建立用户模型，预测用户偏好，主动将用户感兴趣的信息、产品、服务推荐给用户。从而根据同一用户兴趣偏好的漂移、不同用户间的差异实现个性化推荐和社会化推荐。个性化推荐使用一定的推荐策略，以用户与数字图书馆交互行为为核心，计算用户与资源之间的相似性，为用户匹配相关度最高的资源，并按资源匹配的高低顺序排列向用户呈现推荐的结果。社会化推荐是以特定用户群为服务对象，预先建立用户群体模型，确定群成员兴趣偏好，为群成员推荐信息，群成员提供反馈信息的一种服务模式。其中，用户匹配是社会化推荐的核心，用户归类、形成用户群体模型和最终推荐都是在用户相似度的比较上形成。差异模式在数字图书馆中主要表现为"猜您喜欢""收藏推荐""借阅推荐""浏览推荐""专家推荐"等服务形式，从推荐结果角度看，数字图书馆不同用户获得的推荐是不同的或是相似的。

（二）精准推荐的无差异模式

无差异模式是指对数字图书馆所有用户提供相同的推荐内容，不用建立用户模型，计算用户兴趣，也不用利用用户相关反馈，只能满足用户的一般需求。无差异模式在数字图书馆中通常是以一个简单的页面形式将全部的信息呈现给用户，表现为动态推荐和静态推荐两种形式。

静态推荐包括"新书通告""经典推荐""馆员师生推荐""期刊推荐"等形式，是管理人员通过后台的操作以静态页面的形式将推荐的结果呈现在用户面前，直接、及时地满足用户一般性、普通型的需求。

动态推荐是在统计算法或技术的基础上，以某一阈值为界限，动态为用户显式相同的推荐内容，包括"热门借阅""热门推荐""热门检索""热门收藏""借阅排行"等形式，在用户检索前提供引导，可快速帮助用户确立检索策略，满足用户需求。

一些数字图书馆与网络读书平台合作，通过资源链接的方式为用户提供书籍的链接，拓宽推荐的范围。单纯从推荐结果来看，无差异化的推荐形式为不同用户推荐的是相同的信息。随着用户要求的不断提高，已经有不少数字图书馆引入了相对独立的推荐系统，而不是统一依赖于相同的软件公司开发的推荐功能。设计开发专门的推荐平台，收集分析用户的各种信息，使用户无需搜索便可以得到主动的推荐内容，如上海交通大学的"思源推书"、清华大学的"读在清华"、重庆大学的"猜你喜欢"等。

三、基于用户画像的数字图书馆精准推荐服务创新

（一）用户画像与精准服务关系

大数据环境下，数据驱动图书馆变革已经成为目前图书馆转型的趋势，

精准服务即数据驱动下服务变革的具体体现，精准服务作为一种基于数据的服务模式，为数字图书馆开展其他服务创造了有利条件。用户具有集资源使用者、传播者和创造者于一体的多重身份，任何人都可以成为信息发布的节点，每一节点都是一个数据源，每一个数据源都有着不同大小的作用。数据在用户的利用、交流、共享中增值。数字图书馆期待在海量用户数据中发现有价值的信息，从而理解用户、体察用户和懂得用户，为用户提供嵌入式、深层次的精准服务。而建立在对用户数据挖掘和分析基础上的用户画像，是从数据入手研究用户的属性、行为和偏好，对用户的基本静态数据和行为动态数据进行二次重构，帮助数字图书馆解决数据转化为价值的问题，并能更好地认识用户、改善信息组织、发现信息传播规律和实施精准服务。用户画像和精准服务的关系如图 4-4 所示。

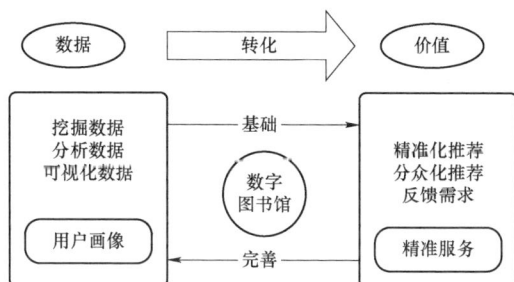

图 4-4　用户画像和精准服务关系

　　数字图书馆用户画像通过全面收集用户在使用数字图书馆过程中的数据，抽取表征用户特征的标签，勾画真实用户的虚拟全貌，全方位、全过程、精细化地呈现出用户利用、获取知识的喜好及行为规律，以更好地把握、识别用户需求，为数字图书馆实现精准推送服务提供基础。用户画像通过挖掘用户仉数字图书馆中关注或参与的具体内容，提前勾画出用户的画像模型，从模型中预判用户的潜在需求，向用户推送感兴趣的内容，实现针对具体用户的精准化推荐。同时，在考虑用户兴趣动态变化的基础上，利用统计、分类、聚类等技术计算用户间的相似性，形成多层次的用户画像，实现面向群体用户的分类化推荐。可见，在用户画像的助力下数字图书馆能更加精准的发现目标受众。在基于用户需求推荐的基础上，依据推荐内容的反馈信息，可进一步完善、丰富用户的画像，使得用户画像不仅是对用户潜在需求的研究，更是对用户持续性、实时性需求的研究。用户画像辅助精准服务抓住用户兴趣，满足用户需求，提升其愉悦感和专注度，建立起用户对数字图书馆的信赖，培养其忠诚度。

（二）数字图书馆精准推荐服务创新基本要求

1. 服务内容精准化

服务内容精准化是指在数字图书馆资源与用户数据的双向匹配中达到推荐内容的精准化。面对大量多模态、多样化的资源，用户更希望数字图书馆能准确匹配资源，形成以用户为中心的双向融合、交互的推荐业务链，从根本上改变被动信息服务时代信息与用户交互沟通呈现的单向、线性的推荐模式，缩短用户与服务之间的距离，让用户在有限的时间内高效获得、利用资源，减少不必要的精力、时间支出。精准推荐服务创新离不开对自身资源的精准掌控，通过对数字图书馆资源进行细粒度挖掘、重组，语义化、标签化处理后形成资源画像，并通过对用户全量数据的持续利用，形成千人千面的用户画像。通过画像精准预测用户行为规律，获取用户隐性需求，融合推荐技术、可视化等技术，自动适应不同用户的需求，主动向用户推荐有针对性的服务，让用户在画像的辅助下自主发现资源，让资源精准推送给每一位用户。

2. 服务功能用户化

服务功能用户化通过重设服务情境，启发用户新需求，激发用户主动性，满足用户深层次需求，最能体现以"用户为中心"的服务理念。数字图书馆传统服务理念是资源决定服务，服务决定需求，数字图书馆有什么样的资源，就基于现有资源进行推荐，用户的需求也受限于数字图书馆的资源和服务，造成大量"零数据"产生，导致资源利用率不高，对用户的吸引力不够。

进入数据时代，"用户驱动"将是推荐服务获得可持续动态发展的根本保证和动力，用户需要什么服务，数字图书馆就提供什么服务，最大化契合用户需求。用户对于推荐结果追求的是准确度提升的同时兼顾多样化和新颖性，满足其自身的惊喜感。为用户推荐服务的过程中，用户需要保持高度的参与感，才能感受到自身的价值，并拓宽用户接收信息的宽度和深度，使用户深入了解自己的品味，根据自己的兴趣做出选择，而非盲目遵循推荐的建议。面向用户画像的数字图书馆精准推荐服务创新完成了从满足用户基本需求到帮助用户开发、表达更多兴趣，再到认识、理解、反思自我的过程，辅助用户解决更复杂的问题，支持用户的决策，促使用户更加满意自己的选择，实现创新价值。

3. 服务定位精确化

服务定位精确化需要将数字图书馆精准推荐服务准确定位到每个用户身上。用户行为数据的多样性导致用户需求的复杂性增强，不仅是对个体用户而言，对于不同背景、不同时期的群体、不同学习科研、任务阶段的群体，其需求都呈现出较大差异。数据技术的广泛应用和互联网的持续发展，深刻影响着人类获取知识的方式，用户的行为呈现出非周期性的无限记忆状态，用户产生的每一个行为都会受到当前行为和历史行为的双重作用。

为了实现针对不同用户的特定需求提供精准化的服务，数字图书馆精准推荐服务通过收集分析不同类型用户的行为数据，标签化有效数据，利用数据挖掘、聚类分析、预测分析等方法发现用户有意识表述的需求、挖掘用户模糊意识的需求、预测用户未来趋势的需求，根据需求程度的不同精准定位应为用户提供的服务。同时，用户画像从多角度描述了用户的自然特征、社交特征、兴趣特征和能力特征等，使数字图书馆重新认识、理解用户。并通过计算行为间的相似性，形成具有突出特征的用户群，合理区分目标群体，使得数字图书馆精准推荐服务在把握用户需求差异的基础上细分用户，在适时的场景下向用户推荐个性化、实用性的知识与服务，实现为精准用户推荐精准服务。

4. 服务平台智慧化

当今时代，信息、知识环境正在发生着深刻的变革，大数据、云计算、物联网、人工智能等技术日新月异，社会环境从信息化到数字化，从数字化向智慧化发生着转变。智慧化的服务平台在利用智能化工具的基础上，从立体化的视角提供多层级服务，达到推荐服务的智慧化。同时数字图书馆服务也开始从信息时代的 D（数据）—I（信息）的信息服务链发展到以知识为中心的 DIKW 知识服务链，现在正迈向 D（数据）—W（智慧）的智慧服务链。

智慧化的推荐平台注重用户体验，实时监控用户需求变化，回应用户新请求，通过用户画像为用户提供有针对性的分析报告，满足用户从自我视角全面直观地感受自身知识体系的需求。并将用户感兴趣的需求转化成视觉形式，以图像形式展现在用户面前，启发用户形象思维，引导用户从不同角度理解不同的数据，使学习者兼备创造者的身份，激发创造灵感，增强数据价值。

因此，面向用户画像的数字图书馆精准推荐服务创新要在以用户为中心的理念下体现智慧化，转变传统推荐服务性质，融合数字化、网络化、智能化等技术，将用户与资源、资源与资源、用户与用户、馆与馆、库与库、网与网之间跨时空互联，集成用户的情境数据和资源流通数据，合理利用用户行为记录，根据感知到的用户情境和获取的偏好向用户进行推荐。

第五章　知识付费环境下图书馆用户与知识服务创新

从传统意义上来说，知识共享是一种传播知识的过程，只不过是知识在传播的过程中不像商品可以由任何人进行传递。而如今，知识共享更多的被看作是一种共享经济的形态，社会大众将属于各自的盈余或闲置资源，利用互联网与他人进行传播与分享以求收获价值补偿。知识共享的发展大致经历了三个时期，最早可追溯至社会百科时代，也称知识共享1.0时期，这一阶段主要通过以百度百科、维基百科为代表的静态百科网站进行知识信息的单向传播；知识共享2.0时期主要通过以百度知道、知乎问答为代表的动态知识社区进行实时信息跟帖，实现知识信息的双向传授；知识共享3.0时期涌现出以在行一点、得到App、喜马拉雅FM为代表的大批知识付费平台，互联网商业模式成为这一阶段的核心内容预示着互联网知识付费时代的正式来临，而互联网知识付费实际上正是知识共享3.0时期的延伸和进化。

第一节　互联网知识付费的产品类型

虽然各个知识付费平台有各自主打的明星产品，但总的来说各知识平台也不会拘泥于某一内容的单一形式，往往以多元化形式进行交互融合。

一、文字版内容产品

文字作为千百年来人类思想传播的载体，是人类文化的根基所在。在当今多媒体称霸的时代，以纯文字为主要呈现形式的知识内容遭到了世俗的抛弃，但不可否认的是各大知识平台依然将文字作为核心基础形式应用于知识产品上。随着市场竞争的越发激励及产品形式的逐渐成熟，互联网知识付费平台相继开发出多元化的产品类型并拥有各自主打的明星产品，在行一点作为一个知识服务平台曾经以专家语音咨询为当家明星产品，而今又推出"课程＋小班＋小讲"一系列产品形式。据笔者观察可得，"在行一点"的知识产品无论以何种形式进行展现，其核心内容都能通过文字向用户呈现。

二、咨询语音问答服务

互联网知识付费的另一重点是咨询语音问答服务，同时也作为在行一点产品形式的重中之重。"在行一点"的领域专家一对一服务实际指用户根据自身想咨询的问题选择某个领域的热门专家，也就是提问者所找的目标答主。用户首先在文本框中输入各自问题，然后按答主原定咨询价格选择微信、支付宝等方式进行付款，过后目标答主会以语音的形式来进行解答。一般情况下，用户在发起提问后答主超过 48 小时未回答，将按支付路径全额退款，并在问题被回答的 23 小时之内答主接受免费追问。"在行一点"的领域专家一对一服务极具创新性，除了提问者和答主两个固定角色之外，还设有偷听者这个特殊角色。消费者扮演偷听者只需支付一元钱就能听到答主的回答，如若提问者匿名提问或者答案公开时，偷听者就无需支付任何费用就能窃得成果。"在行一点"的领域行家一对一咨询从开创之初就汇集了各类明星、行家，并受到广大消费者的欢迎，一度成为互联网知识付费平台的网红产品。

三、线上社群化学习

线上社群化学习是将具有相同兴趣爱好、价值理念，以及知识诉求的人群进行在线聚拢汇合，以个体与个体、个体与组织的传递方式进行交流学习，成为知识付费平台又一种产品创新类型。传统意义上的社区是被定义为在一定范围区域内将具有某种社会关系的人们组建成社会生活共同体，作为一种有代表性、区域性的社会团体。在如今的移动互联网环境下，社区一词被赋予了新的含义，使得其地域性特征大大减弱。相比于线下社群，线上知识社群可借助互联网方便快捷的传播优势，使具有相同兴趣及需求的人更容易组织起来，进行线上的知识分享与知识交流。"在行一点"的"课程＋小班＋小讲"一系列知识产品中都融入了线上社群化的学习方式，其表现形式有名家高手系统化授课、导师陪伴互动式学习及即学即用的实操传授。

四、创新教育类产品

传统意义上的教育产品，又称作教育服务，一般由官方教育部门和具有教育资质的组织机构进行生产提供。一直以来教育和培训就受到政府和社会各界的广泛关注，而在互联网时代，社会生活中频频出现新知识、新领域，教育产品也要不断地进行升级与创新，才能不被时代所淘汰。互联网知识付费平台在进行知识传递的过程中，教育就是其中必不可少的环节。小班作为"在行一点"知识平台在线教育产品的代表，其教育模式是由导师将课程内容在小班平台上进行预售，用户在仔细阅读过课程大纲、导师介绍及课程安排后，进行线上训练营或线下实地报名，并及时获取课程资料的最新进展、讲师互动等。"在行一点"的小班授课形式一般以线上训练营为主，训练计划强调服从性和坚持性，课程内容每日更新并在结束后可反复阅读收听，并要求学员按期完成自测练习。

第二节 互联网知识付费对图书馆、用户及服务方式的改变

一、互联网知识付费对图书馆的改变

（一）图书馆知识服务理念

1. 由以资源建设为主导向以用户需求为核心转变

目前社会上存在的各类图书馆依旧以资源建设为工作重心，过分追求资源的外在形式，如庞大的馆藏数量、恢宏的场馆形象等，而对于资源本身的利用情况及用户的服务体验却熟视无睹。参照互联网知识付费的传播模式和合理内核进行变革，目的在于让图书馆能从内容层面首先对馆藏资源进行升级构建，然后通过剖析用户信息行为来主动感知用户的信息需求、提升服务体验，真正实现以用户为核心的服务理念。

2. 服务效率和服务质量要求提高

在古代社会，图书馆曾作为古书画的官方储藏地，拥有收藏社会信息资料、保存人类文明遗产等特殊职能，一直以来就受到大众媒体的广泛关注，在文化领域拥有极高的社会地位。随着时代的进步，人们对于知识的重视程度越来越高，在市场化的今天，各类知识网站、平台如雨后春笋般成长壮大，缺乏竞争意识的图书馆逐渐被世人所遗忘。为提高自身竞争力，图书馆就必须对传统方式下的服务质量、服务效率做出变革，参照互联网知识付费运营、管理模式为用户提供更优质的图书馆知识服务。

3. 用户既当服务客体也当服务主体

在传统意义上图书馆仅将用户视作被服务的一方，而今互联网知识付费中的用户也充当着知识生产者的角色。随着教育水平的提高，当今人们拥有丰富的知识储备和技能经验，作为图书馆服务客体的用户本身就是隐性知识的载体，图书馆务必重视用户作为服务主体的功能，通过发挥用户的潜力，统筹线下资源、加强线上传播，在用户与用户之间建立起信息沟通渠道和情感联系纽带来进行服务宣传，使得图书馆知识服务更贴合用户的需求。

（二）管理体制和组织机构演变

目前，我国图书馆采用的管理体制是公益类事业单位体制。随着事业单位改革的层层深入，目前事业单位被分成：承担行政职能、从事生产经营的活动及从事公益服务三大类，图书馆作为公益类中的文体类单位需要进行情况区分、精准施策，实施不同的改革举措。为了使图书馆公益事业单位进行长远发展，首要任务就是实现对图书馆事业管理体制的进一步改革。

绝大多数图书馆的组织机构分为职能部门、业务部门两类，业务部门以采访、编目、流通、阅览等部门为主。如今图书馆为实现精简开支、集中管理，迫使各个业务部门重新确立专业分工、进行业务重组、加强业务协作，将重合度高或关联性强的部门进行合并集中管理。

（三）资源建设

图书馆在传统资源建设方面的问题比较突出：图书馆虽然十分重视馆藏资源类型多、数量大等外部形式，但是缺乏对馆藏资源的有效组织、深度关联，为用户检索和利用资源带来阻碍。多数图书馆的场馆建设宣扬形象工程，常常以华而不实的建筑装点门面，而对于先进的软硬件设备引入却极其吝啬。

由于不同图书馆的社会关系相对独立，在资源合作联盟建设方面仍然各自为战，重复工作被大量进行，白白浪费图书馆经费及精力。社会中不同类型的图书馆应发挥实干强干精神，利用公共图书馆的政府信息公开查询平台、高校图书馆的学科服务平台及研究图书馆的科技文献信息共享服务平台等各自特有资源建设进行合作联盟，全方位实现目标用户的需求。

二、互联网知识付费对用户的改变

（一）用户思维

核心技术的突破创新为我国经济增长增添动力，微信支付、支付宝支付等移动终端支付手段在社会市场上的广泛应用，使知识付费的行为变得更加方便、快捷，让用户意识到知识是有价值、有含金量的。随着我国经济实力及人们收入待遇的提高，进一步反向刺激社会消费质量的提高，知识作为经济发展中最有价值的生产要素，付费的优质知识一经推出就立刻吸引了社会各界的关注，相反图书馆即使免费推行但内容含金量不过关也会无人问津。在当今知识付费领域，每个个体都是自带流量的移动 IP，学习方式也从传统式的"你教我学"单向传授向"我要你给"的双向互动转变。

（二）用户需求

互联网信息的指数式增长造成信息量过载的局面，难免使用户对互联网信息内容产生焦虑感、恐慌感，甚至对互联网信息质量辨别不清。随着互联网知识付费产业的迭代更新，内容类别越来越广泛、专业分工日趋细化，人们逐渐养成利用碎片化时间进行阅读的习惯和追求个性化信息需求的价值，尤其是对专业化、优质化信息内容的需求不断增加。相关调查显示，知识付费的用户以 80 后、90 后的年轻一代为主，特别是毕业三年内的职场新人，他们对于学习的欲望还处在上升期并且有打算为知识内容付费的意愿。超过七成的在线学习者进行过不同程度和不同形式的知识买单行为，其中包括付费资讯订阅、打赏文章博主、充值会员身份等，达到加快获取社会信息、经验、技能和资源的目的，最终创造出用户自身的知识竞争力，而图书馆对于用户的这部分需求的服务还有待加强。

（三）用户隐私

随着互联网知识付费交互、共享、开元的传播理念被社会大众广泛接受，网上用户的私人信息和商业信息行为难免被互联网上充斥的各型各色网站及平台获取，这可能涉及用户的隐私、家庭、工作及财产等各方面安全隐患。虽然互联网加速了信息传播的速度，但也加剧了个人信息泄露的风险，导致恶意程序、钓鱼网站和诈骗团伙的事件频频发生。因此，图书馆有必要对知识传播过程进行监管约束，加强对用户个人隐私信息的管理和保护，一旦给用户带来风险和隐患，那么用户对图书馆知识服务的好感度和信任度就会一落千丈。

三、互联网知识付费对服务方式的改变

（一）服务方式主动性

互联网知识付费平台一般会对付费用户的信息痕迹进行记录，如点击、借阅、浏览、收藏及评价等用户常见行为，利用大数据、云计算、人工智能等新兴技术进行知识关联，主动分析获取此类用户信息行为与价值偏好的紧密度，为各类用户主动提供有针对性、优质化、垂直化的特色知识产品及服务。而传统图书馆一直以来缺乏有效竞争，服务方式就是被动等待用户发出信号，再对用户提出的需求进行分析解决。这种极其被动的图书馆服务方式不仅是低效、滞后的，而且是与当今时代需求背道而驰，使得图书馆如今的

角色常常被定位为用户助手。因此图书馆亟需挖掘自身的核心价值，转变服务方式，主动提供图书馆专属产品及服务才能提高地位和价值、不被社会所淘汰。

（二）服务方式智能性

社会进入到互联网知识经济时代的第一步是进行看不见、摸不着的知识售卖，互联网知识付费平台之所以会崛起，是因为其管理运营的高效性。知识平台作为互联网技术驱动下的产物，拥有强大的数据关联后台，不用任何一个分析员就可将杂乱无章的反馈信息自动整合成有结构、有分类的问题集合；利用人工智能技术，不用任何一个咨询向导就可实现全天二十四小时待命为用户解决问题答疑，这些都体现出互联网知识付费平台服务方式的智能性。

（三）服务方式多样性

多样性作为生物领域中的一个重要概念，物种的多样性是种群得以繁荣的根本。知识付费从一出世就依附于互联网社交媒体，具有原生多样属性，能够快速应对时代和社会的变化，准确预测用户多样化需求，并创造出以文字版内容产品、咨询语音问答服务、创新教育类产品及线上社群化学习为主的一系列知识产品及服务。服务方式的多样性在图书馆学界同样重要，保证着图书馆在文化交流领域的长远发展。如今图书馆知识服务主要围绕专业馆员及馆藏资源开展，造成服务类型少、服务形式单一的局面，无法吸引到用户的关注，长此以往图书馆知识服务就会陷入不利之地。

第三节　知识付费环境下图书馆知识服务模式创新

互联网知识付费的异军突起给传统机构知识服务带来观念与模式上的冲击，特别在知识生产、知识传播及服务效益方面，互联网知识付费塑造出知识服务领域的新动态、新格局。图书馆应探析互联网知识付费的服务定位、运营模式及价值内核，搭建知识社群，利用特色馆藏与专业权威资料，打造针对用户精准需求的图书馆专业化知识品牌，从而实现知识服务模式的创新。以下内容将对以知识产品化为核心的图书馆知识服务模式细分为服务主体、服务客体和服务方式，进行详细分析。

一、知识服务主体创新

以知识产品化为核心的知识服务，不仅需要图书馆主体从资源建设、知识组织到服务过程方面进行改善，为用户打造出权威性强、专业性高的机构形象，而且需要图书馆员顺应时代趋势，结合自身特点定位图书馆知识服务中的营销角色，为社会大众树立起积极向上的图书馆馆员形象。

（一）建立以专业性知识服务为品牌的组织机构

如今的互联网知识付费平台为吸引到大众流量，不惜生产带有娱乐性质的低俗问答产品，使得一部分用户沦陷其中，逐渐偏离最初要为知识付费的认识；而另有大批用户厌弃此类平台，对于能提供专业化知识服务的组织机构心生向往。正如图书馆的核心竞争力——专业知识传播，就为具有深层知识需求的用户开辟新道路。从图书馆自身来看，浩如烟海的馆藏资源、合作共享的图书馆联盟、权威的政府信息公开查询平台及高素质的专业馆员团队，为图书馆打造优质化、专业化的精品内容奠定了基础。

长期以来，图书馆的服务模式仅对资源（纸质资源和电子资源）进行简单的组织、整理和排序，通过用户自行检索来获取有效信息。这种模式不但会花费用户大量的精力和时间在馆藏资源的检索中，也很难总结成符合逻辑的知识系统，而且图书馆这种单向、机械式的信息服务逐渐被随时随地可获取的网络资源所取代。相比图书馆中被动等待挖掘的资源，互联网知识付费中的"知识"早已成为一种主动服务。互联网知识付费平台大致有两种知识生产流程：一种是以"课""班""讲"为内容系列，先由知识生产者分析普通大众的需求，确定以"课""班""讲"形式的知识产品能解决大多数用户在某一垂直领域下的问题与困扰，之后与知识平台进行合作对知识产品进行推广与传播；另一种是以"问"为生产方式，在知识平台上用户直接将问题通过文字或口头等形式表达出来，指定以公开形式或由特定专家回答问题。

图书馆知识服务机构应重点优化头部内容，其反映出绝大多数用户在某一特定领域内经常缺失的知识或经验，知识生产部门通过发挥馆藏、信息查询平台、专业人才等各类资源的优势，对头部内容进行系统化、纵深化的提炼和整合，形成一系列解决头部内容的知识产品及服务，并借助多样化的媒介形式传递给用户；其次，针对特殊用户的深层知识需求，图书馆应发挥权威、专业的知识品牌优势，依靠精良的知识生产团队，打造图书馆品牌效应。图书馆只有将知识产品及服务的价值和竞争力体现在内容质量和知识层次上，才能作为提供优质化、专业性知识服务的品牌机构。

（二）图书馆员向认知营销角色转变

由于图书馆角色逐渐从知识的拥有者转变为知识生产的参与者，社会大众对于图书馆员的服务定位也提出了更高的要求。尤其是在互联网知识付费崛起与服务格局发生重大变革的情况下，知识服务提供商这一定位似乎更适合图书馆员，图书馆员承担的责任不仅是对信息资源的收藏与管理，而应当是对优质专业知识产品及服务的营销与传播。在图书馆进行知识传播与服务的过程中，馆员要积极加固图书馆与用户之间的桥梁纽带联系，向内为图书馆探寻用户需求，向外为用户树立图书馆良好口碑。如今，优秀的图书馆员代表着图书馆的整体形象并成为图书馆品牌塑造的活招牌，可见图书馆要对人才培养工作提出更高要求。

国际图联（IFLA）作为世界图书馆界最具权威、最有影响的非政府专业性国际组织，自 2002 年以来，每年都会评选出年度最成功的图书馆营销实践，为其颁发国际营销奖。国际图联设立营销奖，旨在表彰图书馆敢于创新并付诸实践应用，也鼓励世界各国图书馆筹划出富有创意并注重成效的营销项目或推广活动。由评选委员会评选出的 2018 年国际营销奖获奖名单中，新西兰因弗卡吉尔图书馆的社交媒体营销保持图书馆员地位项目荣获第二名。因弗卡吉尔图书馆通过发布在社交平台上的一张"与图书馆员同行（Keeping up with the librarians）"的翻拍照片而迅速蹿红网络，因模仿美国著名的卡戴珊家族形象，立刻吸引到全世界用户的关注，尤其是年轻一代用户，由此因弗卡吉尔图书馆在全球图书馆界名声大噪。这场图书馆的宣传活动在社交媒体上获得 100 万点赞量，是图书馆员形象营销的典范，也是图书馆员利用互联网社交媒体平台为图书馆角色营造出一种与知识经济相关感的先例，在一定程度上促使图书馆员要在今后图书馆知识服务的过程中进行角色转型。

二、知识服务客体创新

与一般意义上图书馆的来访者不同，图书馆知识服务的服务客体主要是对知识产品及服务有迫切需求的用户。面对指数式增长的庞大信息流，一部分用户能够快速筛选出针对性强、匹配度高的知识内容，而绝大多数用户却被大量无效信息所淹没，可见两类用户因自身信息素养的高低所具备的能力水平也不尽相同。根据服务客体在知识生产与传播中的参与程度和贡献程度，可将其划分为关键用户和普通用户。关键用户是指在检索、获取、利用知识产品方面具有较高信息素养的人，通常对于知识的生产与传播过程也表现出积极的参与性和贡献度；而普通用户占据服务客体的绝大多数，他们更愿意通过价值换取的方式获得所需知识，当然对于知识的生产与传播过程也缺乏相应的积极性。

（一）关键用户

图书馆知识服务的创新离不开关键用户的参与。关键用户在图书馆知识服务中既担任知识产品的需求者，也作为知识产品的生产者，他们往往是以自身专业的知识素养为储备，在图书馆资源检索、获取、利用等方面表现出较高水平，对于知识产品及服务的生产过程也表现出积极的参与性和贡献度。关键用户为了在图书馆知识服务的创新上发挥更大潜能，可先通过专业认证机制确立自身的行业地位，然后将基本理论知识与自身专业技巧、经验相结合，形成有规模、有价值、有体系的知识产品及服务并对绝大多数用户的需求产生影响。因此，图书馆关键用户的引入不仅加快了知识生产、知识传播的进度，而且进一步提升图书馆塑造专业性知识服务品牌的形象。

（二）普通用户

在经济领域中，消费者的需求会刺激供给的产出量，需求是促进生产的第一原动力。相比于经济学意义上的生产力，知识的生产力是对于有价值知识的生产效率、传播速度、惠及范围等能力的体现，而普通用户则是知识生产力的后备军。普通用户在接受知识产品及服务来满足自身需求的同时，还要向知识提供商及平台进行反馈和评价，整个过程由多方协作完成，知识生产者、知识传播者、知识平台及广大普通用户以良性互动的方式进行知识服务运作，保障知识服务流程的每一环节顺利完成。

相比于关键用户而言，图书馆知识服务的普通用户占据知识服务客体中的绝大多数，是指那些信息获取技能较差、参与积极性较低、对于知识生产贡献投入较少的用户。由于图书馆普通用户自身知识储备薄弱，他们可能无法确切形容和表达个人的信息诉求；由于使用图书馆经验不足，他们可能无法检索和获取相关资源或路径；也可能由于自身性格和能力原因，他们对参与图书馆知识服务运作过程的积极性较低。但正是存在普通用户的种种需求，图书馆才有知识生产的原动力，普通用户成为图书馆开展知识服务创新的价值所向。在图书馆生产专业性知识产品及服务的过程中，普通用户的协作能力可能尚有欠缺，但是作为知识传播过程的中坚力量，普通用户可根据自身的日常生活经验、价值判断、伦理操守等在非专业性知识产品的生产上作出贡献。相比而言，图书馆专家团队生产出的知识产品具备更高的系统性、权威性与专业性，而普通用户参与产生的非专业性知识产品代表着社会大众最基本的知识需求，也同样具有价值，只不过两者解决问题的层面不同。

三、知识服务类型创新

（一）数据挖掘服务

数据挖掘服务是图书馆为应对数据库大量普及使用而作出知识服务的开拓创新。数据挖掘服务主要运用于个性服务、文献资源建设、知识发现等方面。数据信息都是知识资源的来源，知识通过对数据和信息的加工而来。知识是对信息数据加工的规律性产物，表现了主客体之间的认知关系，信息是对数据加工后形成的具体状态变化方式，数据则是事物的客观记录。因目前国内图书馆对数据挖掘服务的开展还较为欠缺，知识服务开拓创新的空间较为充裕。

数据挖掘服务是提升知识用户所拥有的知识资源价值的服务，不断提升每一个服务环节中用户知识资源的价值。数据挖掘服务使用户所拥有的知识更易于被发现和使用。该服务通过对用户所拥有的数据信息进行整理、挖掘、研究使其价值得到增加，使数据转化为信息和知识。知识用户所拥有的知识资源的价值主要指其转化效率。转化效率指知识主体将庞杂的数据资源转化为文字、图片、视频、音频等可以传递相应信息情报的媒介的能力。图书馆数据挖掘服务是在这一过程中帮助知识主体提升其知识发现能力、知识管理能力、知识预测与规划能力，面向具体用户的服务方式有提供数据挖掘技术培训、提供数据挖掘分析报告服务等。

数据挖掘服务离不开人工智能、机器学习、可视化等多项技术的支撑。随着人工智能等技术的发展和应用，人工智能技术对人脑信息的读取和转化逐渐成为现实，未来，用户在人工智能技术的辅助下可以大大提高自身的数据转化能力。知识生态理念下，该服务更为注重系统要素间的互动关系，即服务的目标是为了促进用户更广泛地参与到知识流转环节中。在知识用户所拥有的知识资源与其他知识资源进行知识交流的过程中，知识服务馆员可以凭借数据挖掘技术为知识用户提供知识资源诊断、知识经纪服务等服务项目，帮助用户建立与其他知识主体之间的合作交流渠道。数据挖掘服务所发掘的知识信息还需要对传递之后所起到的效果来进行检验，包括知识资源为双方所带来的社会、经济和文化效益。图书馆的数据挖掘服务在多项技术的支撑下使数据在传递、吸收、应用和创新过程中的，将大量数据转化为信息知识，并充分保障知识所有者和知识使用者双方的利益。总的来说，数据挖掘服务的目的在于充分提升用户自身所拥有的知识资源的竞争能力，提升其不可替代性，强化其价值效益。

（二）成果转化服务

成果转化服务是针对知识生产者所进行的辅助其完成从知识创造到知识成果转化全周期的服务创新。知识创新即新知识的创造，指新理论和新技术的创造过程。知识创新的主体一般指大学、研究院所、企业等的科研机构和个人。知识创新需要具备三个条件，首先，需要有一定的数据、信息和知识原料；其次，需要有知识环境的支撑，知识创新不是发生在真空之中；最后，需要能解决其他知识主体的知识问题，即所提供的新知识需要能解决之前所存在的知识资源所不能解决的问题。知识成果转化服务即针对其需求，帮助其解决知识创新道路上的非替代性工作的知识服务。

图书馆为知识生产者提供的成果转化服务的服务原则有以下几点。

第一，不进行替代性工作。成果转化服务包括为用户提供系统性的信息资源、相应的竞争情报，但不包括替代其完成创新活动，如替代其进行理论构想，替代其撰写研究报告等工作。知识创新在知识生态的理念下就是知识的进化过程。知识进化包括遗传、变异、适应三个步骤。知识生产者将现有的知识信息基于自身所拥有的知识和技能进行对其研究有用的知识提取，由此发生遗传。知识变异发生在知识遗传的基础之上，是对现有知识集的突破产生的新理论和新技术，或是对旧有知识的质的改变，一般来源于对两种以上不同知识族群的知识基因的跨界组合。在适者生存的规则下，知识资源适应实践选择活跃了起来就完成了知识的进化过程。

第二，保护其知识资源多样性，即在为其进行创新型服务时尽可能提供多方面的材料，多样发展方能适者生存。成果转化服务包括在遗传阶段为研究者提供前沿趋势报告、相关方面的文献综述等三次文献，以及帮助其掌握该方面的前沿和系统性发展脉络；在变异阶段，为其提供与其研究领域不同的知识族群的研究方法、模型和内容；在研究适应性阶段，为其提供科技查新，研究成果推广等知识服务。

（三）创业咨询服务

图书馆顺应时代需求，推出面向中小型创业者的创业咨询服务。知识服务与信息服务的区别在于知识服务以向用户提供新知识和具体的解决方案为目标，而信息服务提供线索或原文。通俗来说，信息服务是为用户提供其所需要的信息，以提供了相应信息为服务的终止，知识服务是解决用户所提出的具体问题，为用户提供连续、动态的服务，直至最终解决问题为止。依据这一划分原则，美国图书馆开展面向创业者的商业计划书撰写指导服务就是图书馆服务向深度知识服务转变的服务转型。美国图书馆通过开设商业计划书撰写的培训课程、提供行业的竞争情报分析、对用户进行一对一的指导等方式全面支持用户的创新创业实践。在这一过程中，图书馆通过与外界的金融机构、公益性组织的合作，为用户提供更为优质的创业咨询服务，图书馆与外部系统之间的互利共生由此发生，极大地拓展了外部服务空间。

创业咨询服务的生态目标，主要包括以下三个方面：首先，知识服务主体的角色定位，由基本信息服务的保障者扩展为基本知识服务的保障者，从而为社会公众提供更多的知识产品和知识服务，对人们的工作生活起到引领作用；其次，在服务对象上，知识服务主体的角色从服务主导者转变为服务中间人的角色，不断提升用户在创业咨询服务中的主导性；最后，服务效果方面，由主要实现社会效益到帮助用户实现经济效益。

创业咨询服务需要图书馆与创业支持机构达成合作。图书馆提供创业咨询服务，不断拓展外部服务空间，同样给图书馆知识生态系统内部带来变化。创业咨询服务通过引入外部知识主体，与内部的知识主体发生知识互换，从而达到内部知识演化的目的，促进系统内部的知识更新和知识循环。图书馆能够在知识主体、知识环境等方面为专业的创业支持机构提供支持，从而形成知识流、物质流和信息流的互补关系。图书馆作为知识信息中介机构，以自身信用权威等为这些外部组织机构提供客户资源，这些组织以自身在本行业领域较宽的知识生态位服务于图书馆的用户，达到互利共赢的目的。

四、知识服务方式创新

（一）跨界合作与开放运营

在互联网知识付费方兴未艾的今天，各类知识平台逐步实现与社会资源、组织机构的跨界合作。

自互联网数字信息技术迅速发展以来，业界专家早已提出实现图书馆跨界合作的必要性，重点关注线下图书馆与书店、研究所、文化中心等社会各类机构的交流合作。

（二）线上线下知识社群聚合

在知识付费 2.0 时代，社会中存在的各种关系因对某垂直细分内容领域的聚合进而形成社群组织，极大增强了知识交流与传播的作用。在当今知识经济时代，知识作为生产要素不仅能解决生活实际问题、满足人类文化需求，而且还能获得社会关系的附加资本。知识社群本质上就是将具有相同兴趣爱好、价值理念，以及知识诉求的人群聚拢汇合后，形成的一种特殊社会关系。

相对而言，图书馆拥有世界上每座城市和地区的线下交流场所，这得天独厚的优势本身就对线下社群聚合提供了便利条件，图书馆只需将有着相同兴趣爱好及知识诉求的人群进行聚拢汇合成知识社群，使用户以社群会员或成员的身份进行互动交流，以此来推动图书馆知识产品的传播。各地图书馆可利用实地场馆资源积极组建各类文化教育活动，如学习角、读书廊、讲座沙龙等，让更多线下用户汇集到图书馆知识社群中，并开通在线图书馆虚拟社群功能，使用户只需利用微信、QQ 等社交软件就能实现与群内成员互动交流。图书馆以开通线上、线下知识社群的方式培养用户黏性，不仅能扩大知识交流与知识传播的范围，还能进一步提升图书馆形象和服务质量。

第六章　图书馆的未来发展

第一节　数字图书馆是图书馆发展的主流方向

数字图书馆作为未来图书馆发展的主要方向，它的研究和建设水平将直接关系到我国图书馆在未来信息时代的地位和作用。随着电子出版物的盛行，数字图书馆发挥越来越重要的作用。未来的图书馆将以服务特色和技术手段论高低，能否迅速占有信息资源并向社会提供信息产品将成为衡量图书馆的标准。因此，认识、了解、研究数字图书馆，是时代赋予当代人的使命。

一、我国数字图书馆的发展趋势定位

目前，纵观世界范围内数字图书馆的研究和发展，因国情、国力等因素的影响，在研究重心、发展趋势等方面表现出了不同的倾向。业内人士杨佩超教授将目前数字图书馆的研究大体上分成三种类型：技术主导型、资源主导型和服务主导型。

技术主导型以涉及数字图书馆基本结构和信息资源的创建、获取、存储、组织、检索、发布、版权管理等方面的技术创新和开发为主要目标，以美国数字图书馆先导研究计划第一期和第二期为代表。

资源主导型以资源数字化为目标，借助一定的技术手段提供网络检索、在线浏览和下载功能，很多项目属于传统图书馆馆藏资源的数字化，以"美国记忆"项目、纽约公共图书馆历史收藏项目为代表。

服务主导型则以各种类型的文献信息数据库的整合、系统服务和资源导

航服务为目标，结合各种先进的服务手段，如个性化定制、个性化推荐服务等，并常常用到各种电子商务手段，如用户认证、付费管理等，主要特征是深层次的文献、信息、知识服务，常常是传统图书馆向数字图书馆转型期的必然选择。

技术主导型的数字图书馆建设主要由 IT 界来承担，我国的信息技术起步较晚，相对落后于先进国家，数字图书馆建设中的主力军是图书馆和信息服务机构，可见我国的数字图书馆建设不适合以技术型为主。

我国占有一定的资源优势，资源主导型的数字图书馆比较适合我国国情。但是，随着技术的进步与完善，资源数字化日益简单，用户也不再单纯满足于大量的数字化资源，而是渴求全方位的服务。因此，建立在技术型与资源型数字图书馆基础之上的服务型数字图书馆成为我国数字图书馆的未来发展方向。

二、数字化图书馆要与科学研究和建设紧密结合

数字化图书馆建设是一项十分庞大而又复杂的系统性工程，很多发达国家的数字化图书馆建设已经度过了初级阶段，正向着飞速发展的阶段进步，很多图书馆正在向着选择性、技术性和实验性为目的的数字化图书馆方向转变，在未来这些先进的数字化图书馆主要面向全社会的用户，其发展方向是全方位的。而对于我国数字化图书馆的建设，首先应该将技术和科学研究紧密结合，并将其积极地应用到数字化图书馆工程建设中，并在科研层面和建设层面上保持密切联系合作，只有这样才能使数字化图书馆建设工程更加符合我国的实际国情。而最近几年的中国数字化图书馆示范系统重大应用课题开展建设，不仅能够保证我国数字化图书馆建设的正确导向，同时也能够保证最先进的技术成果迅速转化为应用产品，并将其及时地应用到相应的工程中去。

三、馆藏资源数字化整体发展思路

数字化图书馆作为一个包含海量信息资源的多宽带媒体的网络信息系统，其数据资源库应包含历史资料在内的所有资源的数字化内容。也就是在建过程中应把传统图书馆所有的馆藏资源录入到这个系统中，然后再将其他有用的数据资料整理入库，提高数据资源建设的整体性，以便更好地实现信息资源的共享和优势互补，这些工作对于数字图书馆的建设具有更为深远的意义。在传统的图书馆中，一本书在不同的地区都会存在，这是地区限制的结果，也是一个十分普遍的现象，为了满足不同地区用户的需求，重复建设不可避免。但是在建设数字化图书馆过程中，由于互联网技术优势，如果一个地方建设这种书籍，而另一个地方同样也录入了这样的数据信息，就会导致对同一种书籍重复录入，增加了劳动不说，还浪费了信息资源。如果这种现象扩展到几万本甚至是几十万本的图书期刊建设中势必会造成各类图书资源的过度浪费现象。目前我国各种类型的图书馆有成千上万个，它们有的隶属于文化教育部门，有的隶属于国家教育部门，由于法律缺乏相应的管理手段，直接从行政方面对其进行统一规划建设存在很大难度。所以，我国的图书馆在建设数字化图书馆过程中应该采取统一的规划措施，通过科学技术手段联合多地信息资源建设，对其协调管理，切实做好图书馆信息资源建设工作。

四、数字图书馆建设以市场为导向发展

在我国市场经济环境下，数字化图书馆建设应该充分发挥政府宏观调控能力，注重按照市场经济的规律处理建设中的问题。在建设数字化图书馆的过程中，由于图书馆缺乏资金，国家投入力度不足，因此在图书馆经营过程中在保证公益性的基础上可以适当地追求经济效益。数字化图书馆是我国图书馆未来的发展方向，我们必须充分了解数字化图书馆的所有相关情况，

包括其优势、特点、功能、面临的挑战等。通过高科技手段来解决数字化图书馆建设技术上的难题；通过政府的宏观调控来对数字化图书馆的建设创建一个安全的、适宜的环境；通过大力引进人才，提高数字化图书馆未来的核心竞争力。

第二节　图书馆发展呈多维状态

科技的不断发展与进步，对图书馆的影响与改变是显著的。当前，我们国家的图书馆发展呈现一个多维状态，百花齐放、百家争鸣，各种形式的图书馆都在发挥着各自的重大作用。

一、数字图书馆

数字图书馆代表了图书馆发展的方向，我国也正在加紧实施数字图书馆工程。但是数字图书馆是一个使用了现代高新技术的复杂系统，对于我国这样一个拥有大量人口的发展中国家来说，图书馆这场以新技术为先导的革命不可能在一朝一夕完成，需要一个渐进的发展过程。总体而言，相对一些大型图书馆、经济发达地区的图书馆，我国西部经济欠发达地区和一些中小型图书馆的这一过程相对慢些。

21世纪中国图书馆界仍将呈现多元化格局，图书馆不可能以一种单一的形态存在，而是多种形态同时并存，表现为一种多维的发展态势。另外，我们还应看到这种多维性不只表现在图书馆的发展形态上，同时还表现在一个图书馆的自身结构与运作上。图书馆可能同时存在几种运作方式，发挥着各自不同的功能。

二、用户阅读需求将呈强劲增长态势

现在，一部分人由于文化水平不高，职业技能低下，缺乏就业竞争能力；另外，又有许多新兴行业和新兴工种、科技含量较高的工作岗位，很难招募到理想的求职者。要解决这一问题，关键在于提高劳动者的整体素质。因此，在未来社会，中国将会有数百万、数千万的劳动者边工作边接受培训，图书馆则是广大劳动者实施终身教育的大课堂，广大劳动者在这里表露出对知识的渴望和追求、对阅读的兴趣和爱好将会远远超过以往任何时代。

就科研用户而言，他们的阅读需要呈增长势头更是不言而喻的。广大科技人员在科技创新工程中瞄准国家经济和社会发展战略目标，瞄准国际科技前沿积极开展科学研究，投入科技创新活动。然而，任何知识创新都离不开前人所积累的科学研究成果，都需要图书馆为他们提供最具价值的文献资料。科研人员增长的阅读需要将必然对图书馆形成巨大的冲击波。

简言之，图书馆是为用户服务的工作机构。图书馆的生存和发展有赖于广大用户对图书馆知识、信息的日益增长需求，这一需求在广大劳动者和广大科研工作者中以强劲的态势涌动着。图书馆作为科研、教育的智力后援系统，作为传播知识和信息的重要基地，作为全民享用的知识宝库，不仅有能力满足用户这一日益增长的阅读需要，还应通过调研分析，及时了解用户阅读需求的变化，紧扣时代主题，按照时代脉搏开启民智，激发他们的阅读热情，并用科技文化积累厚重、思想精深、人民群众喜闻乐见的各类书刊吸引，从而拉动广大用户日益增长的阅读需求。

三、乡镇图书馆和城市社区图书馆将会有更大发展

众所周知，中国以农业大国著称于世，世界上任何国家的图书馆都不可能像中国图书馆面对如此众多的农民用户，提高中华民族的人口素质，在很大程度上是要提高占我国人口绝大多数的农民的文化素质。中国要繁荣富强，要实现新世纪的奋斗目标，要在 21 世纪再造新的文明史，就不能不关注农民问题，对于图书馆来说，在农村建立、巩固和发展乡镇图书馆，让农民有地

方获取知识营养，是其不可推卸的责任。

从文化层面来看，改革开放以来，农民的整体文化水平有了一定的提高，青少年农民已基本扫除文盲，尽管他们的文化程度还不高，当中受过中、高等教育的人占全部农民的比例还很少，但当代农民已逐步从科教兴农的伟大实践中认识到通过求知达到致富的真谛。渴望知识、信息，反映出新一代农民的精神风貌。

乡镇图书馆是农村传播知识的主渠道，农村文化活动的当家阵地。加快发展乡镇图书馆、加强农村地区图书馆的网点建设，是符合中国国情的重要选择。

20 世纪 90 年代，社区活动在我国城市中兴起，社区居民需要图书馆为其服务的问题也被提上议事日程，至今图书馆社区服务工作仍然处于起步阶段，它所做的工作影响力也十分有限，但其重要性及其对于推动社区精神文明建设所展示的作用已经逐渐显露出来。中国城市的社区研究是一个崭新的课题，社区文化建设是这一研究课题的重要内容。在社区文化建设中图书馆建设是其不可或缺的重要组成部分。这一点已为许多社区工作者所认同并在社区建设中付诸实施。

对于图书馆来说，做好为社会基数最大的农民和城市广大居民的服务工作，也就做好了为中国大多数人的服务工作，这有利于社会稳定，也有利于全民族文化素质的提高。尽管实现基层图书馆网点普及每个乡村和社区还有一个很长的过程，但它为乡镇图书馆和城市社区图书馆发展提供了土壤，预示着乡镇图书馆和城市社区图书馆在未来具有巨大的发展潜能，在新世纪随着城乡经济的发展，必将迎来乡镇图书馆和城市社区图书馆蓬勃发展的春天。

第三节　图书馆多元化服务满足用户需求

现代图书馆多元化服务主要表现在服务内容及方式方面，在以用户为中心的服务理念的指导下，依据用户的需求，将更优质的服务提供给不同背景的用户。

一、创新服务内容

（一）合宜的服务产品

对于公共图书馆而言，只有更加新颖的服务内容，才可以增加与用户的黏性值。用户将图书馆作为工作生活中不可缺少的一部分，是图书馆创新服务产品取得成就的衡量标准。

企业中的"顾客界面"维度对于图书馆而言，就是用户与图书馆之间通过文献资源的借阅，进行服务与被服务的关系，借阅浏览服务及形式多样的服务活动就是产品。服务用户是任何一家图书馆的工作本质和基本职责，由于服务的对象是具有独自个性的人，每个人都有不同的特点与需求，真正高效优质的服务应该是适宜的服务，也就是满足大众化与个性化需求，并不是依据"大众脸"服务那么简单。适宜的服务产品，在当今图书馆不再局限于仅有的借还阅览业务，开始向全方位多元化公共文化服务延伸，如培训、展览、沙龙、音乐会、真人图书馆、讲座等。但是任何一家的图书馆人力物力财力资源都是有限的，不可能把一切服务做得完美无瑕，因此，应集中优势资源，选择最合适的服务内容进行项目创新，打造成为自己的文化产品。

（二）多元化服务

图书馆服务的重要功能应该包含文献开发能力、特色文献的研究及文化产品的创造能力，后者并不属于传统图书馆服务范畴之内。当今图书馆服务领域和方式的不断拓展，用户的需求也在不断变化，越来越多的图书馆开始原创产品创作，内容涉及文艺创作各元素。这些原创服务也更体现了图书馆的独有的服务产品。服务内容的创新需要图书馆充分挖掘图书馆现有的馆藏资源与外部资源，其中内部资源既包括文献资源、物理资源也包括人力资源，而外部资源包括政府事业单位，也包括合作机构与社会各界公众人物。通过深入了解当地文化特色，并联系有影响力的人物关系，由图书馆牵头，各组织结构共同参与建设的服务项目，为用户多元化需求提供强有力的支持。我国国土幅员辽阔，人文地理景观各具特色，为我国图书馆文化多元化发展提供了良好的创建条件。不同地区图书馆，特别是省级公共图书馆，拥有丰富多彩的文化资源，可以与政府机构共同协商打造省区的多元化服务建设项目。

二、改善服务方式

（一）主题图书馆建设

从服务方式角度来看，同样的内容如何能够满足用户的需求，获取用户较好的满意度和服务方式有紧密关联。合宜的服务内容依赖于合宜的服务方式去实现，例如，针对少儿和老年人的活动一定会采取不同方式，而对于相同年龄段、不同的学识程度、不同需求的用户如何开展针对性服务应该成为图书馆关注的重点方向。任何一个服务方式的实施都应该从用户的角度出发，注意用户的体验保持互动项目的科学化和可持续发展。在满足不同用户不同需求的使用前提下，还要实现馆内资源的最优化配置。

2016 年，联合国教科文组织终身学习研究所批准杭州加入联合国教科文组织全球学习型城市网络，杭州成为全球首批、我国首个加入该网络的城市。杭州能够成为首个加入该组织的城市得益于其图书馆的建设，杭州图书馆采用总分馆建设方针，依托浙江图书馆与杭州图书馆两个大型综合性图书馆，同时建设各区图书馆与社区图书馆，遍布杭州各个城市角落。杭州图书馆，有个别称叫"平民图书馆、市民大讲堂"，它不仅拥有多样化服务方式的服务项目，而且还具有涵盖各学科各生活类型的主题图书馆建设。主题图书馆建设不仅与综合性图书馆建设形成了强烈的对比，而且具有鲜明的主题特色。这些主题集群可以让市民可以根据不同的兴趣爱好有选择性地去走进不同的主题图书馆，而且在馆内还可以与兴趣爱好者共同分享与交流。

杭州图书馆目前共打造了十所主题图书馆，分别以生活、音乐、电影、科技、棋院、环保、佛学、盲文、印学、运动等主题，玩转"阅读"，支撑起城市公共文化服务的多样化建设。它们如同十颗闪亮的星星紧紧围绕在杭州图书馆这颗月亮周围。杭州图书馆建设极具特色的主题图书馆的目的就是为了以其"专"和"精"的特色，发扬图书馆的传承精神，让有兴趣爱好的市民广泛参与，找到属于自己喜欢的那个主题。同时为了加强主题图书馆现代化建设，营造良好的主题氛围，杭州图书馆不定期在各主题图书馆开展富有主题特色的娱乐项目活动。主题图书馆建设可以为不同兴趣爱好者提供一个不断学习，展现自我的良好的平台，同时可以与相同爱好者相互交流与合作，拓宽了人际交流渠道。

（二）市民学堂

近几年来，公共图书馆的服务由传统的以图书为纽带，实现图书馆与用户的链接，转变为举办各种文化活动（表演、沙龙、讲座、展览）吸引用户。虽然有些图书馆取得了卓越功效，但是有的图书馆为了追逐时代潮流，避免慢人一步，盲目跟风，造成了资源浪费，产生了一定的负面效果。我国公共图书馆在服务方式方面不应随波逐流，应切合实际需要，考虑本馆硬件资源及人力财力资源，开发适合本馆的服务活动项目，并作出长期规划来保持服务项目的活力，在原有方案的基础上结合实践效果，倾听用户心声，做出不断改善。杭州图书馆于 2010 年面向全体市民推出免费公益培训——"市民学堂"，一经推出就受到广大市民的高度认可，取得了很好的社会效益。"市民学堂"如今由刚开始的单一课程发展到丰富多样的课程，不分阶层，各年龄段、各文化背景的市民都可以来参加学习。

市民学堂在课程选择上可谓是丰富多样，有小饰品制作类、美食类、钻石鉴定类、时尚服饰类、影视类，另外，针对不同年龄人群设立了不同年龄爱好者的培训项目，如老年人养生课堂、年轻人的小语种及理财培训、针对小朋友的绘画及乐器演奏等。让不同年龄阶段的市民、各类兴趣爱好者、拥有学习意愿的学员，都能找到属于自己的学习课程，这就是学堂开办的目的，也是图书馆履行社会教育职能的实践体现。这些培训全都是公益性质的，坚持免收学费的原则，只要市民有学习热情，有业余时间，无须携带任何参与证件，只需线下填写一张报名表或者网上预约报名就可以参加喜爱的课程。"零门槛，无学费"是杭州图书馆公益培训面向用户所作出的承诺。

（三）延伸服务

图书馆延伸服务的展开需要在传统服务基础之上实施的，借助本馆的文献资源、本地区人员分布情况、本馆物理设备、先进信息科技条件等优势。其主要目的是摆脱图书馆服务地区不平衡，促进图书馆服务公平性，同时针对特定用户群体提供相应的服务。延伸服务大体可以分别从服务空间、服务时间、服务对象三个角度来展开进行建设。这三个角度进一步解释为扩大公共图书馆服务半径，延长图书馆服务时间，拓展服务人群，同时采取不同的服务手段及方法来为延伸服务提供条件便利。

图书馆延伸服务方式呈现多头并进的发展趋势，特别是传统线下咨询服务项目和数字虚拟咨询服务的优化组合，服务方式不再局限于到馆咨询与虚拟咨询，而是本着服务效益最大化原则，各种服务方式取长补短，相互补充发展，发挥服务最大化作用。

开展公共图书馆延伸服务的首要目标就是让图书馆走出固定阵地，采取多种延伸方式加大服务范围，服务更多人群，为与开闭馆时间冲突的人群提供延伸时间服务。同时，图书馆在延伸服务建设方面，力争图书馆空间分布更加公平合理，逐渐实现对整个社会基层群众的全方位覆盖。很多用户由于业余时间不宽裕和家庭等原因，没有太多时间去图书馆享受阅读服务来提升文化修养水平。图书馆通过延长开馆与闭馆时间、全年 365 天开馆、24 小时自助服务等方式来满足用户需求，此外用户还可以利用数字图书馆合理安排时间获取资源。在普通用户群中，有一部分人群虽然属于少数，但是他们却是图书馆开展延伸服务项目的主要创新活动之一，那就是社会弱势群体。弱势群体不仅指残疾人士，也包括行动不便的老年人士，工作繁重的农民工，以及处于失业状态的底层人群。他们由于各种原因，可能无法亲自去图书馆借阅书籍从而提升自我，因此，图书馆要转变传统被动服务模式，大力开展延伸对象活动，为弱势群体提供人性化服务。延伸服务的展开不仅是图书馆服务创新的主要着力点，也是加强社会公共文化服务均等化的重要体现。公共图书馆对象延伸也进一步展示了公共图书馆的公平开放的服务意识，是图书馆主要职能与精神文明进步的体现。

除了图书馆自身独立建设，图书馆还应加强与社会文化机关部门协同合作，例如，与学校、博物馆、大剧院、政府事业单位等合作，共同举办文化活动，发挥信息资源共享作用和战略伙伴关系，引导学生事业单位人员充分利用图书馆资源，充分整合利用多种学习教育资源，合理调配资源；扩大图书流通范围，设立流动车，建设自助图书馆，将图书送到距离图书馆更远的服务半径，让用户不必远距离去借阅所喜爱的图书；各类活动要相互补充，错位发展，形成有机统一的完善用户体系活动。

第四节　图书馆信息安全管理体系未来展望

随着图书馆信息化、数字化应用不断地深入，各高校图书馆对信息安全管理体系的依赖性也越来越大，同时，随着信息化平台集中化的趋势越来越明显，局部障碍引发的影响会越来越大，破坏力不断上升，如何来有效运行信息安全管理也是各级领导和专业技术人员的迫切希望。

一、信息安全的驱动力：从合规驱动转到需求驱动

信息安全一般分两类驱动力，即政策性驱动和需求类驱动。等级保护是一个典型的政策性驱动，从历史来看，政策性驱动要大于需求类驱动，但是近年来需求驱动力度越来越明显。

很多人认为通过等级保护的评测就不会出问题，这显然是一种误区，国外出现大规模信用卡信息泄露的公司多数也过了相关认证，而这些不过是促进信息安全工作的一种合规性要求。很多的行业用户的需求完全超出了等级保护的泛在要求。等级保护只是最基本的要求，无法也不可能涉及用户的所有业务安全需求，结合业务的需求才是关键。

未来，在满足合规的基础上，这需要满足用户真正的安全需求，用户的实质安全需求将是今后信息安全体系发展的重要市场驱动力。

二、图书馆信息安全的关注点：从"系统"到"人和数据"的转移

攻击者一般会攻击有价值的层面，价值层价值在哪里，攻击才会到哪里。从未来看，黑客也好，红客也罢，人们对信息安全的关注点从早期的关注系统，发展到关注业务，当下及未来将更关注人、关注数据。

（一）系统安全方面

从国内图书馆用户的信息安全工作来看，大部分的安全资源投入到了安全补丁、安全事件处置、漏洞扫描和评估、安全设备部署上。而这些主要集中在网络、系统层面的工作很难涉及信息安全的实质，致使很多图书馆投入了大量的资金和精力所建设的信息安全系统疲于应付，安全事故依旧频发。

（二）业务安全方面

图书馆业务系统既有通用电脑基础设施，又有其特有的应用和业务流程。一般的安全防护工作大部分仅停留在系统和设备层面上，缺乏对应用和业务流程方面的全面评估和防护手段，不能及时发现漏洞，无法应对日新月异的安全威胁。一系列信息安全事故证明，传统安全管理和技术措施存在明显不足。

业务安全难以发现、难以防护，切实可行的工作方法就是将信息安全和业务进行融合，避免出现问题后才进行亡羊补牢所付出的巨大代价。只有从业务角度进行梳理，才能发现深层次的安全隐患。业务安全问题需要信息安全专家深度了解业务知识，专家首先是业务专家然后才是信息安全专家。因此，培养专门的业务安全专家是当务之急。

信息安全的实质是攻与防的博弈，信息安全的未来投入会更多地关注"人"的这个层面。人永远是信息安全最核心的要素，人的安全意识、技能是安全体系充分发挥作用的基石。尽管目前信息安全技术在识别威胁方面较为有效，但技术不可能始终将人这一要素剔除。人也是信息安全体系木桶中最重要的一块木板。网络黑客就是利用人性的弱点达到攻击业务或获取数据的目的，这应引起足够的重视。因此，人的安全意识提升至关重要。同时，对人的安全管理也是信息安全工作中事半功倍的措施，业内集中账号管理、认证、授权与审计的效果非常好，也从另一个侧面证明了对人的管理的重要性。

此外，在数据安全方面，在大数据时代，对图书馆来说，大数据将成为关键价值资产，对数据的安全关注需要加大投入。

三、图书馆信息安全威胁的新变化：从普通攻击到有组织化

安全威胁发展的三个阶段：早期的无意识攻击，以炫耀技术为主的阶段；

目的明确就是获取利益的趋利性安全攻击阶段；为有组织的攻击、反政府的恐怖袭击等网络战阶段。网络战已不是一种概念，而是现实。未来的信息安全威胁主要有以下特征。

（一）对手发生变化

在新的形势下，图书馆信息安全威胁的主体在发生变化，以前的威胁主体主要是个体、小组织团体，未来的对手会是有组织的甚至是外国政府的攻击。新的对手有以下几个特点：网络攻击活动背景越来越复杂，攻击者拥有更大量的资源，锁定精准的目标，实施精确打击，定点清除。而攻击者拥有更强的团队能力，这是过去的经验教训将远远不足以应对的情况。

（二）图书馆网络冲突或成常态

当今及未来的网络世界中，一些有组织的团体会继续使用网络战术来尝试摧毁或破坏其攻击目标的安全系统及信息资产。针对个人和非政府类组织的攻击会越来越多。

（三）定向攻击将成为新攻击趋势

APT 攻击时代来临，传统的蜜罐或蜜网将难以捕捉 APT 样本；同时一种威力更强大的新模式——勒索软件正在涌现。勒索软件不仅是欺骗受害者那么简单，它还会对受害者实施威胁与恐吓。如今，网络罪犯们使用的敲诈方式会变得越来越先进，且更具破坏性。攻击者们会使用更加专业的勒索手段来刺激受害者，并使用专业性很强的方法让受攻击对象在被入侵后很难恢复。

四、图书馆信息安全的大趋势：从传统安全走向融合开放的大安全

（一）智能化趋势

随着互联网的发展，安全问题越来越突出，以往人们对信息安全更关注防御、应急处置能力，现如今入侵、攻击和病毒行为正向分布化、规模化、趋利化、复杂化、间接化等方向发展。因此，在图书馆网络中依靠传统孤立的采用一种安全产品或技术，部署在局部范围内，来识别和发现网络中的安全事件已经非常困难或有失准确性。因此，将来人们会更加关注以人为核心、多种现代技术为依托、科学规范的综合安全保障体系。

（二）侧注"预防"

在"大数据时代"的图书馆信息智能化安全更注重体系的安全态势预知，强调系统的"预防"能力，通过对安全海量数据的挖掘，通过数据融合，智能化深入分析和良好呈现。

（三）产品＋服务

图书馆信息安全要经历"产品模式服务模式""体验模式"的转变，信息安全实质提供的是知识和能力。云安全服务的出现彻底颠覆了传统安全产业基于软硬件提供安全服务的模式。从发展趋势看，图书馆信息安全将从硬件交付、软件交付向运营化服务的过渡，依托"产品＋服务"，契合图书馆用户的安全需求。

（四）全供应链风险

融合开放是这个时代发展的主题，尤其在云计算时代，系统融合了很多

的应用和服务，开放很多的接口，图书馆系统供应链的整个安全都需要关注。很多用户对供应链，尤其是全球供应链环境的风险考虑是不足的。真正的信息安全是从一个整体系统去看它的全生命周期的安全问题，而且要考虑人的因素，同时还要考虑各方面的对手所带来的危险。

参考文献

［1］张慧敏，肖静. 高等院校图书馆学与信息化应用研究［M］. 长春：吉林人民出版社，2019.

［2］包华，克非，张璐. 高校图书馆信息资源建设［M］. 北京：中国商务出版社，2019.

［3］李勇. 新时代公共图书馆的新使命与新挑战［M］. 石家庄：河北人民出版社，2018.

［4］隋春荣，刘华卿. 图书馆信息平台的理论基础与技术开发［M］. 成都：电子科技大学出版社，2017.

［5］张荣，金泽龙. 图书馆学基础［M］. 成都：电子科技大学出版社，2015.

［6］杨新涯. 图书馆文献搜索研究［M］. 重庆：重庆大学出版社，2015.

［7］严潮斌，李泰峰. 高校图书馆资源与服务体系建设研究［M］. 北京：北京邮电大学出版社，2015.

［8］陈三保. 新形势下图书馆服务与创新［M］. 昆明：云南科技出版社，2018.

［9］张立，李莘. 图书馆管理学［M］. 成都：电子科技大学出版社，2017.

［10］朱丽君，卫冉，肖倩. 图书馆管理与智能应用［M］. 长春：吉林人民出版社，2019.

［11］孔德超. 图书馆资源配置研究［M］. 郑州：河南人民出版社，2017.

［12］杨琳. 高校图书馆管理与阅读服务模式创新［M］. 长春：吉林人民出

版社，2019.

［13］董伟. 新媒体时代图书馆管理与服务研究［M］. 长春：吉林人民出版社. 2019.

［14］范国崴. 高校图书馆现代化管理［M］. 长春：吉林人民出版社，2016.

［15］杨静，景玉枝. 数字图书馆服务与管理［M］. 赤峰：内蒙古科学技术出版社，2016.

［16］谭晓君. 图书馆管理与服务创新研究［M］. 天津：天津科学技术出版社，2018.

［17］杨秀臻. 图书馆知识管理与服务研究［M］. 天津：天津科学技术出版社，2018.

［18］赵枫. 大学阅读与图书馆信息服务［M］. 长春：吉林人民出版社，2018.

［19］牛根义. 现代图书馆评价研究［M］. 武汉：武汉大学出版社，2018.

［20］韩洁. 现代图书馆全面质量管理与创新服务研究［M］. 北京：中国社会科学出版社，2018.

［21］师美然，张颖，张雯. 图书馆创新与现代管理研究［M］. 长春：吉林人民出版社，2019.

［22］刘月学，吴凡，高音. 图书馆服务与服务体系研究［M］. 咸阳：西北农林科技大学出版社，2018.

［23］李颖. 图书馆现代化服务与管理［M］. 北京：中国华侨出版社，2019.

［24］宗波. 现代图书馆信息服务创新研究［M］. 郑州：郑州大学出版社，2019.

［25］叶艳. 现代图书馆信息管理与服务［M］. 北京：九州出版社，2017.

［26］张聪红，张亚莉，张玉. 现代图书馆建设与用户服务研究［M］. 长春：吉林科学技术出版社，2018.

[27] 董玉梅，徐阳，吴爽. 高校图书馆服务研究与现代图书馆管理［M］. 北京：中国纺织出版社，2019.

[28] 王祎. 现代公共图书馆管理与服务［M］. 沈阳：沈阳出版社，2019.

[29] 田长斌. 现代图书馆移动阅读服务研究［M］. 北京：现代出版社，2019.

[30] 郑辉，赵晓丹. 现代公共图书馆智慧服务平台建构研究［M］. 长春：吉林人民出版社，2020.

[31] 马雨佳，于霏，高玉清. 现代图书馆信息管理及服务研究［M］. 北京：九州出版社，2018.

[32] 江涛，穆颖丽. 现代图书馆服务理论与实践［M］. 郑州：河南人民出版社，2014.

[33] 龙渠. 现代图书馆服务与管理工作研究［M］. 北京：原子能出版社，2019.

[34] 李静，乔菊英，江秋菊. 现代图书馆管理体系与服务研究［M］. 长春：吉林人民出版社，2019.

[35] 陈陶平，赵宇，蔡英. 现代高校图书馆管理与服务探究［M］. 北京：九州出版社，2018.

[36] 夏春红，于刚，印重. 现代图书馆资源管理与推广服务［M］. 北京：北京理工大学出版社，2017.

[37] 司媛媛. 情境建模方法和支撑工具的研究和实现［M］. 上海：上海交通大学出版社，2010.

[38] 廖嘉琦. 图书馆智慧服务核心要素理论框架构建［J］. 图书馆，2020（4）：36-43.

[39] 邵波，单轸，王怡. 新一代服务平台环境下的智慧图书馆建设：业务重组与数据管理［J］. 中国图书馆学报，2020，46（2）：27-37.

［40］程焕文，刘佳亲. 新时代公共图书馆服务与建设创新的重点和难点［J］.
图书情报知识，2020（1）：9-14，31.

［41］许天才，潘雨亭，冯婷婷，等. 高校移动图书馆服务模式现状调研与发
展策略研究［J］. 图书情报工作，2020，64（3）：71-82.

［42］周纲，孙宇. 开创性的下一代图书馆服务平台解决方案——FOLIO［J］.
中国图书馆学报，2020，46（1）：79-91.

［43］许磊，夏翠娟. 第三代图书馆服务平台的元数据管理——以 FOLIO 的
Codex 方案为例［J］. 中国图书馆学报，2020，46（1）：99-113.

［44］柯平. 后知识服务时代的图书馆服务创新［J］. 高校图书馆工作，2020，
40（1）：1-8.

［45］程结晶. 大数据时代图书馆服务创新的内容及其策略研究［J］. 情报理
论与实践，2016，39（3）：57-62.

［46］张洁. 基于境脉感知的泛在学习环境模型构建［J］. 中国电化教育，2010
（2）：16-20.

［47］莫同，李伟平，吴中海，等. 一种情境感知服务系统框架［J］. 计算机
学报，2010，33（11）：2084-2092.

［48］张静. 基于情境感知的自适应个性化知识服务研究［J］. 情报科学，
2011，29（11）：1658-1661.

［49］陈金菊. 基于数据挖掘的读者个性化服务研究［J］. 图书馆学研究 2016
（23）：84-91.

［50］谢蓉，刘炜，朱雯晶. 第三代图书馆服务平台：新需求与新突破［J］. 中
国图书馆学报，2019，45（3）：25-37.

［51］张斌，魏扣，郝琦. 国内外知识库研究现状述评与比较［J］. 图书情报
知识，2016（3）：15-25.

[52] 冯红娟，李荣艳，马宁宁. 公共图书馆机构知识库建设的必要性及可行方案研究 [J]. 图书馆理论与实践，2015（9）：79-82.

[53] 袁静. 图书馆情景感知自适应个性化服务平台构建 [J]. 图书馆学研究，2012（17）：37-40.

[54] 楼雯，姜晓烨，陈雨晨，等. 基于资源本体的图书馆知识检索平台功能设计 [J]. 图书馆论坛，2017（11）：97-105.

[55] 邓朝霞. 网络版权的公共领域研究——以知识共享协议为例 [J]. 电子知识产权，2018（12）：35-45.

[56] 李洁. 数据驱动下数字图书馆知识发现服务创新模式与策略研究 [D]. 长春：吉林大学，2019.

[57] 张旭. 高校图书馆智库型服务体系构建及能力评价研究 [D]. 长春：吉林大学，2019.

[58] 侯力铁. 基于情景感知的移动图书馆个性化推荐服务研究 [D]. 长春：吉林大学，2019.

[59] 陈远方. 智慧图书馆知识服务延伸情境建构研究 [D]. 长春：吉林大学，2018.

[60] 高海涛. 基于用户感知的移动图书馆服务质量评价及提升对策研究 [D]. 长春：吉林大学，2018.

[61] 张勇. 移动环境下高校图书馆知识生态系统服务模式研究 [D]. 长春：吉林大学，2017.

[62] 李民. 基于智慧推荐的高校智慧图书馆服务模式研究 [D]. 天津：天津理工大学，2017.

[63] 李菲. 三网融合视域下数字图书馆移动服务模式研究 [D]. 长春：吉林大学，2015.

［64］夏秀双. 大数据环境下高校图书馆个性化信息服务研究［D］. 山东：曲阜师范大学，2015.

［65］毛刚. 图书馆用户需求生态服务系统研究［D］. 长春：吉林大学，2013.

［66］郝倩. 普适学习空间中情境建模及推理研究［D］. 大连：大连理工大学，2011.

［67］田磊. 大数据环境下高校图书馆知识服务模式研究［D］. 武汉：武汉大学，2017.